「文春」に未来はあるのか

創業者・菊池 寛の霊言

大川隆法

RYUHO OKAWA

本霊言は、2012年7月10日（写真上・下）、幸福の科学総合本部にて、
質問者との対話形式で公開収録された。

まえがき

実は、私が月刊『文藝春秋』を初めて読んだのは、小学校一～二年生の頃である。早熟な少年ではあるが、徳島県の実家の離れには、「直木賞候補」に二度なった小説家の伯母が住んでおり、私はよく遊びに行っていた。夜は自宅で、「文春」や「新潮」、「講談社」などの毎月の新作小説について、父や伯母、兄や私が食後に批評座談をやっていた。田舎の天才文学少年であったのである。

東京で作家活動するよう、出版社に口説かれて上京する伯母の中川静子を、阿波川島駅まで見送ったのは、もう四十六、七年も前になろうか。夜行列車だったような気がするが、いつまでもいつまでも駅のホームで手を振り続けた。

東京のホテルでカン詰め状態になりながら、編集者につつかれて、伯母は連載小説を書き続けていたが、一年ばかしで出版社とけんか別れして帰ってきたので、また駅まで出迎えに行った。伯母が、編集者に、「小説に男女のからみをもっと書け」「恥毛《ちもう》の一本一本まで目に見えるように克明《こくめい》に描写しろ」と言われ続けて、「悪しき商業ジャーナリズム」「売らんかな主義」と訣別《けつべつ》すると批判していたのが印象的だった。その後、彼女は郷土作家になり、郷土の歴史をていねいに調べ上げて、「徳島新聞」などに毎日連載して、その一生を閉じた。

私も、妻よりも蔵書を愛した男である。十何万冊はある書庫を、ボーッと瞑想しながら回遊するのが好きである。出版社には何の恨みもない。

今回、心ならずも、文春の創始者であり、「直木賞」「芥川賞」の創設者でもある菊池寛を批判する立場になってしまった。

言論は自由である。しかし、ここまで書物文化を愛している人を傷つけ、メシの種にするのは、誇りある出版社としては自殺行為なのではないか。良質の作家も、良識ある読者も失ってしまうのではないか。「文春」に未来はあるのか。じっくりと考えてみたいと思う。

二〇一二年　七月十二日

幸福《こうふく》の科学《かがく》グループ創始者兼総裁《そうししゃけんそうさい》　大川隆法《おおかわりゅうほう》

「文春」に未来はあるのか　目次

「文春」に未来はあるのか

――創業者・菊池《きくち》寛《かん》の霊言《れいげん》――

二〇一二年七月十日　霊示
東京都・幸福の科学総合本部にて

「霊言現象《れいげんげんしょう》」とは、あの世の霊存在の言葉を語り下ろす現象のことをいう。これは高度な悟りを開いた者に特有のものであり、「霊媒現象《れいばいげんしょう》」（トランス状態になって意識を失い、霊が一方的にしゃべる現象）とは異なる。

また、人間の魂《たましい》は原則として六人のグループからなり、あの世に残っている「魂の兄弟」の一人が守護霊《しゅごれい》を務めている。つまり、守護霊は、実は自分自身の魂の一部である。したがって、「守護霊の霊言」とは、いわば本人の潜在《せんざい》意識にアクセスしたものであり、その内容は、その人が潜在意識で考えていること（本心）と考えてよい。

なお、「霊言」は、あくまでも霊人の意見であり、幸福の科学グループとしての見解と矛盾《むじゅん》する内容を含《ふく》む場合がある点、付記しておきたい。

「文春」に未来はあるのか

――創業者・菊池寛《きくちかん》の霊言――

二〇一二年七月十日　霊示

東京都・幸福の科学総合本部にて

菊池寛《きくちかん》（一八八八～一九四八）

日本の小説家、ジャーナリスト。香川《かがわ》県高松市生まれ。京都帝国《ていこく》大学文学部英文科卒業後、新聞記者を経て小説家となるが、雑誌「文藝春秋《ぶんげいしゅんじゅう》」を創刊、実業家としても成功を収める。芥川《あくたがわ》賞と直木《なおき》賞の設立者でもあり、数多くの作家を育てたが、翼賛《よくさん》運動の一翼を担《にな》ったとして、戦後、公職から追放された。

司会

酒井太守《さかいたいしゅ》（幸福の科学 宗務本部担当理事長特別補佐）

質問者 ※質問順

里村英一《さとむらえいいち》（幸福の科学 専務理事・広報局担当）

綾織次郎《あやおりじろう》（幸福の科学 理事兼「ザ・リバティ」編集長）

斎藤哲秀《さいとうてっしゅう》（幸福の科学 指導研修担当兼精舎活動推進担当専務理事）

［役職は収録時点のもの］

1 「文春」の〝御本尊《ごほんぞん》〟菊池寛を招霊《しょうれい》する

編集長ではなく、創業者自身を調べたい

大川隆法　最近、幾《いく》つかの週刊誌が、いろいろと幸福の科学に関する記事を載《の》せていますが、編集長あたりの守護霊《しゅごれい》の霊言《れいげん》を収録して本にすると、本人が「話の内容のレベルが低い」と言って抗議《こうぎ》してきたりします。

しかし、それは、本人のレベルが低いから、守護霊の話もレベルが低いだけです。本人がもう少し勉強すれば、守護霊の霊言にも重厚な内容が出てくるのですが、編集長をやっていても中身がない人の場合、知識が右から左に抜《ぬ》けているだけなのでしょう。

さて、「週刊文春」も、最新号（7月19日号）で、また当会に関する特集記事を出すようですが、おそらく、「週刊新潮」とコラボレーション（連携《れんけい》）をしているのだ

ろうと思います。

何誌がコラボしてくるか、知りませんが、「週刊新潮」の編集長の守護霊の霊言を収録した本（『徹底霊査「週刊新潮」編集長・悪魔《あくま》の放射汚染《おせん》』〔幸福の科学出版刊〕）では、「講談社が何かを言ってきたら、前社長である野間佐和子《のまさわこ》の霊言が出るかもしれない」と述べておきました。

ただ、文春側は予想していないでしょうが、今日は、文藝春秋社《ぶんげいしゅんじゅう》の創業者である菊池寛の霊言を収録したいと思います。編集長はいくらでも替《か》えられるため、編集長レベルを相手にしていても、きりがありません。そこで、文藝春秋の〝御本尊《ごほんぞん》〟に、ご意見をお伺《うかが》いしたいと思うのです。

「週刊文春」の前編集長の守護霊は、菊池寛を「文藝春秋の〝御本尊〟だ」と言っていたので（『「週刊文春」とベルゼベフの熱すぎる関係』〔幸福の科学出版刊〕参照）、菊池寛の霊を呼び出し、「どういう方針で文春を指導しておられるのか。あるいは、もはや指導してはおられないのか。現在の文春に賛成的な考えを持っておられるのか。それとも、批判的な考えを持っておられるのか。文藝春秋に未来はあるのか。雑誌業界に未来はあるのか。いったい、どのように見ておられるのか」ということを追及《ついきゅう》してみたいと思います。

この戦い方は、ハンニバル（カルタゴの将軍）に対する、スキピオ（ローマの将軍）の戦い方です。

ハンニバルは、象も引き連れた軍勢で「アルプス越《ご》え」をなし、北からイタリアを攻《せ》め、ローマを陥落《かんらく》寸前まで追い詰《つ》めました。ところが、スキピオは海を渡《わた》ってカルタゴの本拠地《ほんきょち》を攻めたのです。自分の本拠地が落ちてしまえば、ハンニバルは、ローマに勝ったところで、帰る所がなくなるため、急遽《きゅうきょ》、カルタゴに取って返さなくてはいけなくなり、結局、カルタゴはローマに敗れることになりました。

今回は、「週刊文春」の編集長と戦うのではなく、文春の創業者、いわば本拠地について、「どういうものであるか」ということを調べることにします。向こう（「週刊文春」）は調べるのが好きなところのようですが、当会も、調べることは好きなので、文春の創業者のほうを調べてみようと思います。

作家でありながら事業を成功させた珍《めずら》しい人

大川隆法　文藝春秋社の創業者である菊池寛の経歴をざっと見てみましょう。

彼は、一八八八年（明治二十一年）、香川《かがわ》県の高松生まれです。香川県は、私が生まれた徳島県の隣《となり》の県です。本名は菊池寛《ひろし》で、没年《ぼつねん》は一九四八年（昭和二十三年）であり、満五十九歳《さい》で亡《な》くなりました。職業は小説家や劇作家、ジャーナリストで、文藝春秋社という出版社を創立した実業家でもあります。

昔、渡部昇一《わたなべしょういち》氏の著作に、「物書きで、事業を行い、成功した人は、本当に数が少ない。作家が月刊の雑誌を出しても、〝三号雑誌〟といって、だいたい三回で潰《つぶ》れるのが普通《ふつう》なのに、菊池寛は、事業を成功させた、珍《めずら》しい人の一人である」と書いてあったので、そういう意味で、「手腕《しゅわん》のある方なのかな」と思い、密《ひそ》かに尊敬してはいたのです。

最終学歴は京都帝国《ていこく》大学英文科卒です。

代表作は『父帰る』『忠直卿行状記《ただなおきょうぎょうじょうき》』『恩讐《おんしゅう》の彼方《かなた》に』『真珠《しんじゅ》夫人』などですが、『父帰る』と『恩讐の彼方に』は比較《ひかく》的有名です。

若い人は、あまり知らないかもしれませんが、『恩讐の彼方に』は、確か、「青《あお》の洞《どう》門《もん》」（大分県の競秀峰《きょうしゅうほう》にあるトンネル）をくりぬいたお坊《ぼう》さんの話だったと思います。「断崖絶壁《だんがいぜっぺき》を渡《わた》る村人たちの落下事故があまりにも多く起きるので、主人公が、周囲の人たちに笑われながらも、岩肌《いわはだ》をくりぬく作業を延々とやり続け、とうとう洞門を完成させたため、以後、落下事故が起きなくなった」というような話を描《えが》いた短編小説です。

なかなかの佳編《かへん》であり、私も小学校高学年ぐらいのときに読んだのですが、「こういう人生は、なかなかよいものだなあ」と思いました。

人にバカにされても、一生懸命《いっしょうけんめい》、鑿《のみ》を振《ふ》るい、事故が起きないように、村人たちが無事に通れるように、道路を開《あ》けていくのは大変な仕事であり、私は、「宗教家の仕事も、それに似たようなものかな」という感想を持っていたので、その小説の作者である菊池寛に対して、それほど悪い印象を持っていたわけではありません。

彼の来歴を詳《くわ》しく見ますと、高松中学では首席でしたが、家庭事情もあって、学費免除《めんじょ》の高等師範《しはん》に進みます。しかし、授業をサボって除籍《じょせき》処分になっています。

そのあと、頭脳を見込《みこ》まれて、地元の素封家《そほうか》の経済的支援《しえん》を受け、明治大学法学部に入って法律を学び、一時《いちじ》は法律家を目指しますが、一高《いちこう》への入学を志して中退します。ただ、「徴兵逃れ《ちょうへいのが》」を目的として、早稲田《わせだ》大学の政治経済学部に籍だけを置き、受験勉強をしながら、大学の図書館で井原西鶴《いはらさいかく》の作品を読み耽《ふけ》っていたようです。

一九一〇年に早稲田大学を中退し、一高の一部乙《おつ》類に入学しました。同時に入学し、彼の親友になったのは芥川龍之介《あくたがわりゅうのすけ》です。

ところが、一高卒業の直前、のちに共産党の幹部になった、友人の佐野文夫《さのふみお》が窃盗《せっとう》の罪を犯《おか》し、菊池寛は、その罪を負《お》って一高を退学しています。

やがて、成瀬《なるせ》という友人の実家の援助によって、京大英文科に入学するのですが、旧制高校の卒業資格を有していなかったので、初めは選科で学び、のちに本科へ転学しています。一九一六年に京大を卒業し、時事新報の社会部記者となりますが、やがて小説家となりました。

なお、二〇〇二年に放映されたテレビドラマ『真珠夫人』は彼の作品が原作です。

一九二三年には私費で雑誌「文藝春秋」を創刊、大成功をして財をなしています。そして、日本文藝家協会をつくり、芥川賞と直木《なおき》賞を設けています。菊池寛は、今、権威《けんい》のある文学賞である、芥川賞と直木賞の創立者なのです。

また、大映という映画会社の初代社長や報知新聞の客員《きゃくいん》も務めました。

彼は、自分が得た資産で、川端康成《かわばたやすなり》、横光利一《よこみつりいち》、小林秀雄《ひでお》など、新進の文学者たちに対する金銭的援助も行っています。

一九二五年には文化学院の文学部長に就任、一九二八年には、第十六回の衆議院議員選挙に東京一区から社会民衆党公認で出馬しますが、落選しました。

それから、この人は麻雀《マージャン》や競馬《けいば》に熱中していることでも有名だったようです。

麻雀では、彼は日本麻雀連盟の初代総裁を務めています。これについては、今回、彼の来歴を見るまで、私は知りませんでした。文芸雑誌を出版し、多くの作家たちを束ねていた人が、麻雀好きだったとは知らなかったのですが、彼も私のように「総裁」だったことがあるわけです。

競馬では、彼の著書『日本競馬読本《とくほん》』は、競馬の入門書として、今でも評価が高いようです。また、戦前は馬主《ばしゅ》として有力な競走馬を何頭も所有し、能力検定競走として軍人等の約二百名だけの前で実施《じっし》された、一九四四年の「東京優駿《ゆうしゅん》（日本ダービー）」では、持ち馬のトキノチカヒを出走させ、観戦もしています。

さらには、将棋《しょうぎ》にも関心があり、「人生は一局の将棋なり。指し直す能《あた》わず」という言葉をつくったとされているようです。

彼は、「文芸銃後《じゅうご》運動」なるものを発案し、翼賛《よくさん》運動の一翼を担《にな》ったため、戦後、公職を追放され、失意のまま没したようです。ただ、本人は、「われわれは誰《だれ》にしても戦争に反対だ。しかし、いざ戦争になってしまえば、協力して勝利を願うのは当然の国民感情だろう」というようなことを述べたそうです。

麻雀《マージャン》や競馬《けいば》への関心が「週刊誌」のもとになっている？

大川隆法　私は、菊池寛について、その作品は知っていても、詳しい経歴は知りませんでしたが、今回、経歴を見たかぎりでは、「中退のすごく多い人だな」という印象を一つ受けました。彼は、飽《あ》きっぽい性格であり、自分が書いた小説『恩讐の彼方に』

の主人公とは反対に、物事を貫徹《かんてつ》できないタイプの人だと言えます。

もう一つ、印象的なのは、彼が日本麻雀《マージャン》連盟の初代総裁だったことです。私は、これについて知りませんでした。麻雀や競馬《けいば》に熱中していたようですが、週刊誌などのもとにあるのは、こういうものなのではないかと思います。

里村　初期の文藝春秋社では、夕方になると、みんなで麻雀をしていたようです。

大川隆法　ああ、そうなんですか。

里村　はい。連日、麻雀をやっていたようです。

大川隆法　そういうことが、直木賞という、エンターテインメント系のものにつながっているのでしょうか。

麻雀や競馬に、ここまで入れ込むのなら、菊池寛は、悪い遊びを、一通り、全部、経験しているでしょう。そうでなければ、こうはならないはずです。

こういう人なので、死後、どういう世界に行っているか、分かりません。通常であれば、「偉《えら》い方なので、高い世界に還《かえ》っているのだろう」と思うところですが、松本《まつもと》清張《せいちょう》の例もあるので（注。松本清張は、現在、地獄《じごく》に堕《お》ちている。二〇一二年一月三十一日収録の「地獄の条件——松本清張・霊界《れいかい》の深層海流」にて判明）、調べてみないことには分からないのです。

「菊池寛は、今、どうなっているのか。そして、文春のあり方について、どう思っているのか」などということを、当会なりに調査してみたいと思っています。

（質問者たちに）その点を菊池寛本人に訊《き》き、「文春の姿勢や考え方について、どう思うか」という球を投げて、マスコミ的に調べてくだされば幸いです。

今は、だいたい、どの週刊誌もみな、横並びで同じような攻め方をしています。宗教家を攻めてもいますが、政治家に対しても、小沢一郎《おざわいちろう》氏の奥《おく》さんの手紙を載せたり、関西の橋下大阪《はしもとおおさか》市長について、「愛人に隠《かく》し子がいる」と書いてみたり、だいたい同じような攻め方をしているように見えるのです。

「週刊文春」の最新号の目次を見ると、私に関する記事の隣には、「日経新聞社長と美人デスクのただならぬ関係」と書いてあり、〝光栄〟にも日経新聞の社長と並べていただいていますが、「マスコミ間でも食い合いが始まっているのかもしれない」という印象を受けます。

今は、こういう記事で仕掛《しか》けないと、週刊誌が売れないようになっているのでしょうか。どうなのでしょうか。こういう記事が政治家等には効《き》くので、宗教家にも効くと思って載せているのでしょう。そんなところかと思います。

菊池寛を招霊《しょうれい》して「真意」を訊《き》く

大川隆法　それでは、菊池寛の霊《れい》を呼び、話を聴《き》いてみましょう。

「菊池寛は、どのような人か」ということを知れば、「文藝春秋という会社は、どういう会社か」が分かるでしょう。その考え方が真理《しんり》と離《はな》れているならば、その部分についてはチェックを入れたいと思います。編集長は何人でも交代が可能だと思うので、根元《ねもと》のところを調べてみたいと考えます。

では、文藝春秋社を始められました、菊池寛さんの霊をお呼びしたいと思います。

（瞑目《めいもく》し、合掌《がっしょう》する）

文藝春秋を始められ、直木賞や芥川賞をおつくりになり、出版業界に多大な貢献《こうけん》をなされた菊池寛さんを、幸福の科学総合本部にお呼びし、おたくの雑誌が、なぜ、何年にもわたり、宗教に対して偏見《へんけん》のある取材を行い、そういう記事を発表なさるのか、そのへんの真意について、お伺いしたいと思います。

私どもは、あなたのお話を、真面目《まじめ》にお聴きいたしますので、どうか、嘘《うそ》をつかず、会社の内部の方針も含め、本当のことをお話しいただくことを、お願い申し上げたいと思います。

私は、あなたの書かれた『恩讐の彼方に』の影響《えいきょう》を受けた者の一人でございます。したがって、あなたの実像が、私が思っていた菊池寛像と違《ちが》わないことを、心から祈《いの》りたいと思っておりますが、どういう本心をお持ちの方なのか、お教えいただきたいと思います。

また、私は宗教団体の総裁でございますが、「日本麻雀連盟の初代総裁だった人が、宗教家を批判するようなものを出せる立場にあるのかどうか」ということについても、併《あわ》せて確認させていただきたいと思います。

菊池寛の霊、流れ入《い》る。
菊池寛の霊、流れ入る。
菊池寛の霊、流れ入る。
菊池寛の霊、流れ入る。
菊池寛の霊、流れ入る、流れ入る、流れ入る、流れ入る、流れ入る、流れ入る。
（約十五秒間の沈黙《ちんもく》）

2 週刊誌の風潮に対する見解

「文春」や「新潮」は、もう少し文化的であるべき

菊池寛　うん？

酒井　菊池寛さんでいらっしゃいますか。

菊池寛　はあ？

酒井　こんにちは。

菊池寛　菊池寛さんって、何？

酒井　菊池寛先生でいらっしゃいますか。

菊池寛　ああ。「先生」は最低かな。「さん」はないでしょう。

酒井　「さん」はない？　失礼しました。

菊池寛　「さん」はないだろう。うん。

酒井　私《わたくし》も、学生のころ、『恩讐《おんしゅう》の彼方《かなた》に』を読み、非常に感銘《かんめい》を受けた者です。

菊池寛　そうだろう。そうだろう。そりゃそうだろう。

酒井　はい。

菊池寛　うんうん。

酒井　昨今《さっこん》の週刊誌には、「伝聞《でんぶん》によって記事を書き、裏も取らずに、そのまま週刊誌に載《の》せる」という風潮があります。特に「週刊文春」は、新しい編集長になってから、そういう傾向《けいこう》が激しくなり、今回、「妄想《もうそう》を語っている者の文章を、そのまま載せる」というようなことをしています。

菊池寛　うーん。いや、今ね、出版不況《ふきょう》なんだよ。

酒井　はい。

菊池寛　ああ。出版不況だからさあ。

それは、「文春」とか「新潮」とかは、もうちょっと文化色があって、内容のあるもんのほうがいい。格的には、そうあるべきだろうとは思うんだけどさあ。

まあ、あんたらから見りゃあ、芸能雑誌やポルノ雑誌に内容が近づいてるような感じに見えるんだろう？

酒井　そうですね。ほとんど、そんな感じに見えます。

菊池寛　「週刊文春」と「プレイボーイ」と、どっちが内容がええか、もう、分からなくなってきてる。

里村　最近は、「プレイボーイ」のほうが上品に見えるような感じです。

菊池寛　そうなんだよ。「プレイボーイ」にはねえ、意外に宗教心があるらしいんだよ。俺《おれ》も驚《おどろ》いてるんだけどさ。

里村　けっこう、予言とかを取り上げています。

菊池寛　そうなのよ。わりにね。意外に妙《みょう》なところがあるんだなあ。

里村　「文春」さんは、最近どうしたことか、小沢一郎《おざわいちろう》夫人のスクープや巨人《きょじん》の原監《はらかん》督《とく》の……。

菊池寛　うん、そうだね。あれは、きつかったね。

里村　あるいはAKB48もそうです。全部、異性関係ばかりです。

菊池寛　そうだねえ。あのね、これは、もう最終の武器なのよ。記事がなくなったら、最後、これしかないいんだ。

酒井　菊池寛先生は、これを肯定《こうてい》される側でしょうか。

菊池寛　え？　いや、まあ、肯定っちゅうか、否定っちゅうか、それは分かんねえけどさあ。『恩讐の彼方に』にも、いいことが書いてあって、宗教家を称《たた》えるようなもんだけどな。宗教家の一念というか、何十年もバカにされつつも、一徹《いってつ》で、洞窟《どうくつ》を通す。青《あお》の洞門《どうもん》っていうのは、現実にある〝あれ〟だからさあ。実話に基《もと》づいてる〝あれ〟だけど、まあ、後世の今のやつらは、「青の洞門を開く」っちゅうのを、なんか、「女性の穴を貫通《かんつう》する」っていうのと勘違《かんちが》いしてるのかもしらんなあ。「宗教家は、そういう貫通式が好きだ」と思ってるのかなあ。

ま、これは、ちょっとレトリックを使ってはおるんだけどもなあ。ハハハ、ハハ。

生前、「作家の卵を支える」という使命感はあった

酒井　「週刊文春」の前編集長は、島田編集長でしたが、彼の守護霊《しゅごれい》は、菊池寛先生のことを「甘《あま》い」と言っていました（『「週刊文春」とベルゼベフの熱すぎる関係』参照）。

菊池寛　あ？

酒井　「甘い」と。

菊池寛　甘い⁉

酒井　そうです。

菊池寛　「甘い」って、どういうことやねん。

酒井　（前掲書《ぜんけいしょ》を読みながら）島田氏の守護霊は、「マスコミ人でありながら、良心みたいなものを持とうとしたところに、やっぱり、甘さが残ってた」と言っています。

菊池寛　いくらなんでも、「甘い」って言い方はないんじゃないか。

酒井　そして、「たとえ良心があったとしても、それを、ちょっと横に置いといて、冷静に、冷徹に、悪を追及《ついきゅう》するところに、マスコミ人の仕事っちゅうのがある」とも言っています。

菊池寛　あんた、日本麻雀《マージャン》連盟の総裁に、なんで悪を追及する資格があるんかねえ。

里村　今、名前の出ました島田氏は、菊池先生のつくられた文藝春秋社《ぶんげいしゅんじゅう》の看板雑誌である月刊「文藝春秋」の編集長になっています。

菊池寛　逆転してるじゃない？　「週刊文春」の編集長は、聖職者でなきゃいけないんじゃないの？　ねえ？

仏教者か、キリスト教者か、イスラム教……。イスラム教は、さすがに、ちょっと日本じゃ厳しいかもしれないけど。

酒井　ただ、この島田氏の守護霊は、菊池寛先生のことを、「迷信家で、ちょっと、古い価値観の持ち主」と語っているのです。

菊池寛　迷信家？　菊池寛が迷信家！　なんで迷信家なのよお。そらあ、ちょっと、宗教に与《あずか》ったことはあるし、宗教家になり損《そこ》ねたようなところはあるかもしらんけどな。ま、そういうところはあるかもしらんけども……。

何ちゅうか、物書きとしては、「大衆の心をつかんで、大勢の人に文芸を読んでもらう」っちゅうことが大事だけど、作家さんがいいものを書いても売れないので、みんな生活が大変なんだよ。だから、「そういう人たちの生活が立つように、多くの人に文芸ものを読んでもらう」っていうか、「芥川《あくたがわ》賞ものとか直木《なおき》賞ものとか、真面目《まじめ》なやつから面白《おもしろ》いやつまで、いろんな作家を発掘《はっくつ》して世に出して、彼らの経済や家庭が成り立つように面倒《めんどう》を見る」っていうのが、出版社の仕事だよな。
彼らだけでは、やっぱり、きついからさ。ま、そういう業界のパトロンを目指して、ある程度、成功を収めたところが、私の実績だろう。

里村　はいはい。

菊池寛　その意味で、宗教家になり損ねたような部分も一部あったと思う。確かに、この経歴だと、宗教家みたいになっても、おかしくはないかもしらんなあ。

里村　菊池先生の有名なエピソードとして、「ポケットに手を突《つ》っ込《こ》んで無造作にお金をつかみ、それを、売れない作家に渡《わた》して歩いた」というような話を聞いたことがあります。

菊池寛　田中角栄《たなかかくえい》みたいなことを言うなあ。

里村　最初は、「一人でも多くの人に文芸ものを楽しんでもらおう」「一人でも多くの作家を世に送り出そう」ということで、私費を投じて、文藝春秋社を始められたのだと思うのです。

菊池寛　うん、まあね。先行投資っていうか、売れるようになるまでの間《あいだ》、多少、修《しゅ》行《ぎょう》期間が要《い》るじゃない？　その間、飯《めし》が食えないわね。プロの作家になるには、修行期間として、平均したら、十年やそこらはかかるんじゃないかな。その間《かん》、資金援助《えんじょ》をして支えてやるために、私も、金儲《もう》けは、いろんなことをやったかもしらんけれどもな。

まあ、それは、金儲けが目的というよりは、そうした資金をつくって、作家の卵たちを食べさせたり、作家稼業《かぎょう》をやって書けなくなって苦しんでるような人たちが飢《う》え死にしないように、食いつなげるように、何とか支えたりするのが目的であって、それが、やっぱり、出版社としての使命じゃないかなあ。

銀行じゃないけどさあ、前払《ばら》いもすれば、彼らのいろんな借金の尻拭《しりぬぐ》いもするし、いろんな騒動《そうどう》も解決するし、まあ、泥《どろ》をかぶってやる仕事が出版社にはあってね。そういう使命感は一部あったなあ。

だから、金儲けはしたけど、それが最終目的でやってたわけじゃあない。

里村　それは素晴《すば》らしい志だと思います。

週刊誌には文化遺伝子として〝同業者〟への嫉妬《しっと》がある

菊池寛　だからねえ、大川隆法……。これは、まあ、ほかの雑誌もやってるやろうから、講談社もあるし、新潮社もあるし、いっぱい、ほかにもあるやろうから、うちが、「どうのこうの」とは言えんかもしらんけども。

里村　ただですね……。

菊池寛　いやあ、俺が言いたいことは、こういうことなのよ。これはねえ、同質ないし同業のにおいがするものへの嫉妬《しっと》だと思うな。

里村　嫉妬ですか。

菊池寛　うーん、嫉妬を感じてると思う。同質というか、同業というか、本来は同じようなものを目指しているんだけど、今、届かないでいるんだよな。それで嫉妬してると思うんだなあ。

里村　それは、今年四月、編集長に就任した、新谷学《しんたにまなぶ》新編集長の嫉妬でしょうか。それとも、もっと上の……。

菊池寛　たぶん、もうちょっと、遺伝子的なものになってるような気がするなあ。

里村　会社の遺伝子ということですか。

菊池寛　だから、必ずしも、「個人の」とは言えないんじゃないかなあ。ちょっと文化遺伝子みたいになってる。

つまり、遊びをやって金儲けをする遺伝子は、俺の時代から……。あ、先生だから、「俺」と言っちゃいけないな。まあ、私《わたくし》の時代から、あったことはあったけども、裏の志は、そういうことで、業界のパトロンっていうか、大立者《おおだてもの》みたいな感じもあったんだよ。

先ほど、ご紹介《しょうかい》に与《あずか》ったように、私も、屈折《くっせつ》した人生は送っておるからなあ。作家稼業をやってる人たちには、人生が屈折してる人が多いから、そういう人たちに、「芸術的な面から見てもいい仕事を、ちょっとでもしてもらいたい」と思って、やっておったんだけどね。

（「週刊文春」を手に取って）いやあ。何だか、「正体見たり！」なんて書いてあるけど、こちらのほうが正体を見られてるんじゃないの？　これ、どうすんだ。

里村　そうなんです。「正体見たり！」というのは、こちらが言いたいです。

菊池寛　（同誌をめくりながら）何だ、こりゃ？　うーん。

里村　先般《せんぱん》、「週刊新潮」編集長の酒井逸史《さかいはやと》氏の守護霊に話を聴《き》いたときも、「嫉妬」という言葉が出てきました（『徹底霊査「週刊新潮」編集長・悪魔《あくま》の放射汚染《おせん》』参照）。ただ、今回の「週刊文春」7月19日号は、とにかく、今までにない、ひどいやり方で記事を書いています。ご覧になって分かるように、一つも裏取りをしていません。

菊池寛　パンダなんかは、〝表取り〟してるじゃないか。グラビアには、パンダの写真が大きく載ってるじゃない？　写真を載せるなら、このくらい大きく載せないといけないわな。
パンダの前はドジョウ（野田首相）が載ってるじゃないか。ドジョウが載って、日経新聞の社長がご出勤の……。
里村　写真ですね。
菊池寛　……が出て、なんか、ＡＫＢ……。え？　何だか、よう知らんが、ＡＫＢじゃないわ。これは何だ？　石原さとみ。これは、例の創価学会《そうかがっかい》の子じゃないの？
里村　そうです。
菊池寛　創価学会の子をグラビアに載せてるの？
里村　ええ。よくご存じですね。
菊池寛　うん。これ、創価学会だよ。ベッドの上に横になって、いやらしいじゃない。これ、創価学会の職員の子やろ？　有名じゃないか。
酒井　菊池先生は、最近のことをよくご存じですね。

菊池寛　いやあ、見てる、見てる、見てる、見てる。ベッドの上で寝《ね》てる写真を、「文春」が載せるのかい？

里村　そうなんです。

菊池寛　君ねえ、これは「プレイボーイ」だよな。うーん。これ、おかしい。もしかしたら、創価学会から金が出てるんじゃないの？　こんなもん載せるの、おかしいじゃない？

里村　彼女が主演のドラマが始まったので、載せたのかもしれません。

菊池寛　ああ、ドラマが始まったの？

里村　ええ。

菊池寛　これはグラビアに載せる写真か？　石原さとみって、創価学会の職員の子で、創価学会の広告塔《こうこくとう》だよな。これ、ＮＨＫまで侵食《しんしょく》してるよな。

3 文藝春秋社《ぶんげいしゅんじゅう》を指導しているのか

「文春」に対しては、今、「見てはいる」という立場？

酒井　菊池先生は、今、「文春」に対して、指導されているのですか。

菊池寛　見てはいるよ。

酒井　見てはいる？

菊池寛　そらあ、見てはいるよ。見てはいる。

酒井　指導はできない？

菊池寛　「指導」っていうのは、どういう意味か、知らんけどさあ。

酒井　インスピレーションを送ったりすることです。

綾織　今の編集長に対しては、どのように見ていらっしゃいますか。

菊池寛　それは、ずーっと、ずーっと後輩《こうはい》だからさあ、俺《おれ》が、あれこれ口を出すような〝あれ〟じゃないとは思うけど。

里村　早稲田《わせだ》大学の後輩というだけでなく、政治経済学部でも後輩なんですよ。

菊池寛　ふぇっ！

（同誌の目次を見ながら）「化けの皮」とか「正体見たり！」とか、ちょっと言葉がきついなあ。うーん。「賞味期限」「嫌《きら》いな女優《じょゆう》1位《ナンバーワン》」「パンダの赤ちゃん返還阻止《へんかんそし》」「ただならぬ関係」「元タカラジェンヌ『聖心《せいしん》のお嬢様《じょうさま》』が堕《お》ちた快楽の罠《わな》」……。なんか、推理小説の題みたいだなあ。

里村　ちょっと、『真珠夫人《しんじゅ》』っぽい感じもしますけれども。

菊池寛　ハッハッハッハッハ、ハッハッハ。まあ、食ってくのは大変なんだなあ。ハッハッハッハ。

今の「文春」にかかったら菊池寛は叩《たた》き放題だろう

酒井　「会社が潰《つぶ》れてはいけない」という思いは、おありなんですよね。

菊池寛　うーん。まあ、これ、何年につくったって（資料に）書いてある？

里村　「週刊文春」の創刊は一九五九年です。

菊池寛　五九年と言やあ、何年になるね。

里村　昭和三十四年です。今年で五十三年になります。

菊池寛　昭和三十四年っちゅうことは、大川隆法さんの御生誕祭《ごせいたんさい》のほうが格上だから、それで嫉妬《しっと》してんのや。

里村　はあ。

菊池寛　文藝春秋《ぶんげいしゅんじゅう》よりも、こちらの御生誕祭のほうが先行してるじゃないか。

里村　昭和三十四年は、文藝春秋社ではなく、「週刊文春」ができた年です。

菊池寛　ああ、「週刊文春」か。

里村　文藝春秋社は、戦前からありますので。

菊池寛　ああ、そうだ。もうちょっとある。

里村　ええ。

菊池寛　今の「文春」にかかったら、俺なんか、叩《たた》き放題だろう。学校から除籍《じょせき》処分を受けたり、泥棒《どろぼう》の扱《あつか》いで退学したりして、学校をいっぱいやめてるし、衆議院議員選挙に落ちたり、麻雀《マージャン》連盟の総裁になったり、戦前に競馬《けいば》をやって楽しんだりしているから、まあ、そうなるだろうなあ。

里村　本当にそうだと思います。しかも、菊池先生は、有名な人気作家になられましたから、もし現代にいらっしゃったら、いちばん最初に「週刊文春」に叩かれるかもしれません。

菊池寛　うん、叩かれるでしょうね。特に「金儲《もう》けの才能が高すぎる」という意味で叩かれるだろうなあ。

これは、当時の話だが、今に持ってくりゃあ、「ものすごく金儲けがうまい」っていうことだろう？　「普通《ふつう》、本は売れない」っていうんで、どこの出版社も悩《なや》んでるから、「金儲けがあざとい」っちゅうことで、攻撃《こうげき》されるだろうなあ。

酒井　菊池先生が、もし、今の時代にいらっしゃったら、こういう記事を書いて週刊誌の部数を増やそうとされますか。

菊池寛　うーん。今の時代に生まれたら、俺は大川隆法さんみたいになってるよ。

酒井　雑誌はやらない？

菊池寛　いやあ、宗教家じゃないけども、今の時代に生まれたら、幸福の科学出版だよ。そんなふうになってるよ。

酒井　では、こういう内容の記事は書かない？

菊池寛　さすがに、「ザ・リバティ」では、こんな記事は書かんでしょ？

酒井　週刊誌としては、嘘《うそ》でも記事を書いてお金が儲かれば、「勝ち」なんですよね。

菊池寛　「ザ・リバティ」は、布団《ふとん》（ベッド）の上で横になった、創価学会《そうかがっかい》の娘《むすめ》の写真を載《の》せるかい？

綾織　その方は出しません。ほかの方であれば、あるかもしれませんけど（笑）。

菊池寛　「最近、美人候補が表紙を飾《かざ》ってる」っちゅう噂《うわさ》やけど。（注。月刊「アー・ユー・ハッピー？」〔幸福の科学出版刊〕二〇一二年八月号の表紙に、幸福実現党青年局長・釈量子《しゃくりょうこ》の写真が掲載《けいさい》されたことを指す。）

本当に文藝春秋社《ぶんげいしゅんじゅう》と関係がないのか

綾織　ところで、文藝春秋社《ぶんげいしゅんじゅう》に対しては、今、どういうかかわりをされているのですか。

菊池寛　今は関係ねえんじゃねえの。
綾織　関係ないですか。
菊池寛　まあ、彼らは、食っていけりゃいいんだろうからさあ。
酒井　「霊的《れいてき》には、ほかの者に会社を乗っ取られた」ということですか。
菊池寛　「乗っ取られた」っちゅうことはないけど、俺の時代は終わってるからさあ。
（「週刊文春」を見ながら）「みうらじゅん　人生エロエロ」。まあ、よう、こんな題で……。
酒井　菊池先生、それでいいんですか。
菊池寛　ええ？
里村　端的《たんてき》に言って、それでよろしいんですか。
酒井　「菊池先生が、そういう会社をつくった」ということになるわけですよ。

菊池寛　それは、まあ、発展させたつもりで……。

酒井　世の中の人は、「菊池先生の考えの根本《こんぽん》に、そういうものがあったから、こういう週刊誌が出てきた」と解釈しますよ。

菊池寛　月刊「文藝春秋」のほうは何だい？　「天皇皇后両陛下の『主治医』として」って？　何だよ、天皇陛下の主治医をしてた人が、独占《どくせん》インタヴューで、こんなのしゃべってええのかい？

酒井　逆に、こちらが先生に訊《き》きたいですよ。

菊池寛　いや、こんなことしていいのかい？

里村　理由が訊きたいんですよ。これは、いいのですか。

菊池寛　天皇陛下の主治医には、君、守秘義務があるだろうが。こんな記事を載せて、ええんかい？

酒井　いやいや。こちらが訊きたいんですけど。

菊池寛　これは廃刊《はいかん》処分にされるんじゃないの？

酒井　菊池先生は「廃刊にしたい」と？

菊池寛　こんなの、まずいじゃないの。こんなことをしたら、天皇陛下は、ご病気になっても、どこにも行けないじゃないか。

酒井　私たちが危惧《きぐ》しているのは、「こんなことをしていたら、文藝春秋社という会社自体がなくなってしまうのではないか」ということです。

菊池寛　まあ、それは、会社はたくさんあるからさあ。

酒井　「なくなってもいい」と？

菊池寛　いや、それは、作家さんが書くところがなくなったら困るから……。

酒井　「作家が書く場所がほかにあれば、なくなってもよい」ということですか。

菊池寛　うーん。要するに、単行本で売るのも大事だけど、そこまで行く前に、直木《なおき》賞とか芥川《あくたがわ》賞とかを受賞して、賞を取って世に出るんだからさあ。

酒井　では、月刊誌があればいいですよね?　週刊誌は必要ですか。

里村　要《い》らないのではないですか。

4 「週刊誌の未来」について

〝ヒット・エンド・ラン〟を狙《ねら》っている今のマスコミ

菊池寛　（「週刊文春」を見ながら）「幸福の科学　大川隆法『性の儀式《ぎしき》』一番弟子《でし》が懺《ざん》悔《げ》告発！」。

里村　冗談《じょうだん》じゃないですよ。

菊池寛　ほう。

里村　一番弟子でも何でもない。

菊池寛　（笑）

里村　この見出しだけでも、私たちに対する名誉毀損《めいよきそん》です。

菊池寛　いやあ、面白《おもしろ》いじゃない。これだけ売りたいんだろう。

里村　いやいや、「売りたい」って。あのですね……。

菊池寛　君たちの公称《こうしょう》信者数はすごく多いから、みんな買ってくれると、うれしいだろうな。増刷をかけられるじゃないか。

酒井　菊池先生は、この記事を肯定《こうてい》するわけですか。

菊池寛　いや、笑ってるだけや。

綾織　まったく裏を取らない状態で、そういう記事を出すのは、かなり悪質です。

菊池寛　裏を取るかどうかは問題じゃないですよ。

酒井　「出したら勝ちだ」という考えですね。

菊池寛　こんな記事を書くこと自体に問題があるんで（笑）。

酒井　「週刊文春」は、いろいろなところから訴《うった》えられて何回も裁判で負けています。
菊池寛　今のマスコミっちゅうのは、もう、みんな〝ヒット・エンド・ラン〟なんだ。まずはバットで殴《なぐ》って、とにかく球を打って走る。空振《からぶ》りでもいいや。何ちゅうんだ？　三振《さんしん》してキャッチャーが球を逃《のが》したときに走るのがあるじゃないか。
里村　振り逃《に》げですね。
菊池寛　それで一塁《いちるい》を取れることがあるよね。で、一塁へ球を投げたら、一塁手が逃しちゃって、二塁まで行けちゃったりすることもあるからさあ。だから、走らんより、走ったほうがいい。
酒井　最近の週刊誌では、裁判で負けても、それは勲章《くんしょう》になるようです。
菊池寛　いやあ、まあ、ちょっと……。
酒井　牢屋《ろうや》に入っても勲章になるヤクザと、考え方が変わらないですよね。

菊池寛　昔は、ちょっとねえ……。今は、名誉毀損の被害額《ひがい》も大きくなってるけど、昔は百万以内になってたから、「出したほうが勝つ」っていうのが多かった。

まあ、訴える側も弁護士費用がかかるし、結局、いろんな仕事ができなくなるから、それを考えると、「バットで打っても、実際に反作用が来るのは、三分の一もないか、十分の一ぐらいしかない」と見て、「計算上、トータルでは得が出る」っていう方程式がはっきりとあったかと思うんだな。

アメリカみたいに何億とか何十億とかやられたら、たまんねえからさあ。ほんとは、このくらいの教団の総裁に対して、こんな記事を書き、アメリカ的に損害賠償《ばいしょう》をやられたら、百億円だぜ。

里村　本当にそうです。最も尊い方に対して、嘘《うそ》の常習犯である週刊誌が……。

菊池寛　それが五十万ぐらいで済ませられるんやったら、やっぱり、バットを振ったほうが儲《もう》かるわのう。

里村　それで得になるのは、おかしいと思います。

酒井　ただ、仏教には「縁起《えんぎ》の理法《りほう》」というものがあります。こうした大きなカルマをつくれば、将来、そうとうの反作用が来ると思いますよ。

幸福の科学と、かつての保守系雑誌との〝関ヶ原〟が近づいている

菊池寛　これは、あれじゃないか。今は〝関ヶ原〟なんじゃないの？　「新潮」も保守系の雑誌じゃないか。

酒井　ええ。

菊池寛　かつて保守系の硬派《こうは》と言われた雑誌等が、保守系の硬派で、メディアに進出してきてるあんたがた宗教団体と、ぶつかってる感じかなあ。

だから、これは意外に〝関ヶ原〟なのかもしれない。「彼らは、あんたがたに客を取られないように、総力戦でやっている」と見るべきなんじゃないの？

里村　私としては、保守なら保守で、共存共栄でもいいんです。

菊池寛　そこに嫉妬《しっと》してるのよ。関心が全然違《ちが》うところにあるものには嫉妬しないんだけど、関心が似てるところにあって、「文春」や「新潮」よりも、「キレ味のいいもの」とか、「先見性のあるもの」とか、「みんなの支持を受けるようなもの」とか、「あっと驚《おどろ》くようなもの」とかを、もし、硬派記事で書かれたら、彼らには、やっぱり立つ瀬《せ》がないわけよ。

里村　それならば、正当な記事で競えばよいと思うのですが、実際は、「2ちゃんねる」レベルの記事になっています。菊池先生はご存じかどうか、分かりませんけれども、「2ちゃんねる」というのは、昔で言えば、便所の落書きのたぐいです。

菊池寛　便所の壁《かべ》の落書きか。

里村　「そのレベルの記事を、文藝春秋社《ぶんげいしゅんじゅうしゃ》という伝統のある会社の週刊誌が出すのか」と、私は怒《おこ》ってきたのです。

菊池寛　だから、わしが言ってるとおり、〝関ヶ原〟なんだよ。「下手《へた》したら、この業界が潰《つぶ》れるかもしれない」っていう感じは持ってるんじゃないか。

「霊界《れいかい》での仕事」についてはぐらかす菊池寛

酒井　菊池先生は、「週刊誌の未来」をどう思われますか。未来はありますか。

菊池寛　俺《おれ》はさあ、「相手が人間であれば、誰《だれ》に対してでも書ける」と思うよ。例えば、「天皇陛下の夜の性の儀式　ある宮中の御殿女中《ごてんじょちゅう》が見た」とか言うて、「天皇陛下と皇后陛下は、夜の儀式をこうしていて、それで、皇太子様は、こうやってる」というのは書けるだろうけど、「罰《ばち》が当たる」と思って、それは書けないのが普通《ふつう》ですよね。

普通は書けない。だから、「書ける」と思ってるのは、「そういう罰は当たらん」と思うとるからだろうね。つまり、「この世には、人間界以外の世界がある」と思うてないっていうことなんじゃないか。

里村　「週刊誌をつくっている人たちが」ですね？

菊池寛　ああ。彼らは、人間界で全部完結して、「人間界のことは人間界のルールで処理すれば全部済む」と思ってるからね。

これは、天皇の人間宣言がだいぶ効《き》いてるのかもしらんがなあ。

酒井　そうすると、「菊池先生は、今、天上界《てんじょうかい》からご覧になっている」ということでよろしいですか。

菊池寛　まあ、いちおう地獄《じごく》とは思っておらんのだけども、うちから出た者には、社員から作家まで含《ふく》めて、天上界へ行く者も、地獄へ行く者も、両方いますねえ。

酒井　菊池先生は、そのうち、どちらのほうでしょうか。

菊池寛　私？　まあ、いちおう……（笑）。際《きわ》どいね。

今だったら、ちょっと、ほめられるかどうか、微妙《びみょう》なところではあるんだけどねえ。どうだろう？　今だったら、何に当たるんだろうか。麻雀《マージャン》とか競馬《けいば》とかをやって金儲けして、出版社を起こした人は、今でいうと、何だろう。

あのー、モザイクがかかってるエッチ映像や写真みたいなものをそのまま載《の》せて、捕《つか》まらないで儲けてた時代が、最近、ちょっと、あったよな。あんなものでボロ儲けしたような感じに、ちょっと見えるかもしらんなあ。

里村　え？　ご自分でそのようにおっしゃいますか。

菊池寛　うん、時代をかえればね。もしかしたらな。

酒井　天上界の価値観から見ると、どうだったのでしょうか。

菊池寛　天上界の価値観……（苦笑）。まあ、天上界へ行ったら、あんた、宗教家に勝てるわけがないじゃないの。

酒井　「下手をすると、地獄に堕《お》ちているのではないか」とも思うのですが。

菊池寛　うんうん。まあ、トータルで何十年っちゅうか、出版社をつくってから今までの、ずーっと歴代の、いろんな人たちがやってきた仕事全体を見れば、「ややプラスが多いんじゃないかな」とは思っておるんだけどね。

綾織　今、普段は、どういうお仕事をされていますか。どのあたりに強い関心を持って仕事をされていますか。

菊池寛　うーん。厳しいなあ。そこ、厳しいなあ。君、ジャーナリストか。

里村　彼はジャーナリストです。

綾織　文藝春秋社には、あまり関心がないのでしょうか。

菊池寛　いやあ、「よその雑誌の編集長にいじめられる」っていうのは、あまり、いい構図ではないよな。

綾織　今回はしかたがないと思います。

菊池寛　「正体見たり！　菊池寛」っていうのは困るわけよ。この題がまずい。これはいかんわね。

綾織　創業者として、あなたにも責任は発生すると思います。

酒井　今回の記事に関して、われわれは本当に怒《おこ》っているので、菊池寛先生が「週刊文春」を擁護《ようご》するのであれば、そこは、きちんとディベートしたいと思っています。
菊池寛　君らが勝てればさあ、結論的には、新潮社や文藝春秋社で、本を出したり記事を書いたりする人が減っていって、「幸福の科学出版から本を出したい」とか、「記事を書きたい」とかいう人が増えてくるんじゃないの?
里村　結果的には、そうなっていくと思います。
今、「際どい」とおっしゃられましたが、菊池先生は、現在、どういう方面で活躍《かつやく》されているのでしょうか。ぜひスクープさせていただきたいのですが。
菊池寛　「『文春』の編集長に、今、菊池寛が生きてるとして、この経歴で書かせたら、どんな記事になるか」って想像してみたら、だいたい分かるわなあ。
里村　ぼろぼろだと思いますよ。
菊池寛　「麻雀連盟の初代総裁が、なんと宗教団体をつくって、じゃないけど、いちばん格式の高い直木《なおき》賞や芥川《あくたがわ》賞を創設したが、はたして、顕彰《けんしょう》する資格があるのか」

みたいな感じの記事になるだろうからして……。

酒井　彼らの価値観は完全に引っ繰り返っていますからね。

菊池寛　あ、そうやな。

今回の記事は「守護霊《しゅごれい》インタヴュー」への復讐《ふくしゅう》

酒井　前回、「週刊文春」前編集長・島田氏の守護霊《しゅごれい》は、ペー様と関係があるようなことを言っていましたね。

菊池寛　「ペー様」っていうのは、最近、聞いたことがあるなあ。

酒井　交流があるのですか。

菊池寛　ペー様っていうのは、韓国《かんこく》のペー様だな。

里村　ああ、それは韓国の俳優《はいゆう》（ペ・ヨンジュン氏）です。

菊池寛　ペー様っていうのは、何だ？

酒井　ベルゼベフという悪魔《あくま》です。

菊池寛　それは〝外国産〟だな。

酒井　ただ、日本にも来ております。

菊池寛　日本まで来てんのか。フーン。

酒井　マスコミを通して入ってくる、情報系の悪魔と言われています。

菊池寛　うーん……。まあ、それは、悪魔じゃなくて、あくまでも、下半身に関心のある者の想念の集合体なんじゃないの？　もしかすると。

綾織　「週刊文春」の編集部は、そういう状態になっているわけですね。

菊池寛　うん。まあ、これは、ほとんどの週刊誌の今の収入源になってるからなあ。

酒井　経営としてはそうでしょうが、週刊誌の中身として、これで本当によいのでしょうか。

菊池寛　だからさあ、みんな、知ってるわけよ。「朝日ジャーナル」や「世界」みたいな、ああいう、真面目《まじめ》なやつを書いてたものの悲劇っていうか、あとで落ち込《こ》んでいくのを知ってて、「真面目に書いたやつは読んでくれなくなる」っていうのが分かってはいるわけよ。「そこまで行ったら売り上げが減って、社員の給料も減って、解雇《かいこ》になっていく」というのは、もう、分かってるわけだ。

里村　菊池先生、雑誌「世界」や「朝日ジャーナル」の部数が落ちたのは、真面目というよりも、思想の問題です。

菊池寛　だからさあ、君らは偉《えら》くなったんだよ。一般《いっぱん》大衆のなかには、まだ、「『週刊文春』は、まともなことを言って、政治家とかを撃《う》ち落とす硬派な雑誌だ」と思ってくれてる人も一部にはいるわけよ。ところが、君らからは、「週刊麻雀世界」みたいに見えてるわけよ。「週刊競馬何とか」に見えてるわけよ。そのくらい認識に差があって、〝住んでる世界〟が違うんだよな。

里村　週刊誌は、「当たれば大儲け」という世界ですからね。

菊池寛　まあ……。

酒井　では、それを「よし」とされるのですか。菊池先生には、生前、「作家のゴシップをよく書いていた」という話も残っているのですが。

菊池寛　ハッハッハッハ。君も、なかなか際どいなあ。編集長ができるんじゃないか。

酒井　いやいや。

菊池寛　まあ、それは、ちょっと、あるけど……。

（「週刊文春」を手に取って）あ、これ、何？　「ザ・プリンセス　雅子妃《まさこひ》物語　第五回　帰国子女の憂鬱《ゆううつ》」。こんな失礼なのは、やっぱり、いけないんじゃないのかあ。

酒井　先ほどから、皇室に対しては、「失礼ではないか」とおっしゃっていますが、当会の総裁に対しては「失礼」という言葉が出ていません。このへんは、どうなのでしょうか。

菊池寛　侮辱《ぶじょく》した人は、みんな地獄に堕ちるから、そんでいいんじゃないの？　それで完結するじゃないか。

酒井　それで完結ですか。では、彼らは、この世では……。

菊池寛　ええ？　それは罰《ばち》が当たるよ。

酒井　この世でも？

菊池寛　うんうん。

里村　記事を書いた人が、因果《いんが》の理法《りほう》どおりになるのは構いませんが、その記事を読んだ多くの読者は、その〝毒〟を食らうかたちになります。それに対する責任については、どう思われますか。

菊池寛　今の週刊誌っていうのは、全体を見て、「ここの部分はよくて、これは中間帯で、ここの部分はおかしい」みたいな、バランスを取った書き方はしないわけよ。

新聞とかは、読者が何百万人といるから、ある程度、全体的なバランスを取らないと、けっこう批判が出るけどね。
週刊誌っていうのは、特定の部分をグワーッと取り出して、「ここにガン細胞《さいぼう》があったぞ！」みたいな感じで、そこだけを拡大鏡で見て、取り出す。その特集記事一つだけ読んでもらう読者を、今、探してるんだよ。
だから、「全部を読んでもらおう」なんて思ってもなくて、「どれぞ、面白《おもしろ》い見出しに引っ掛《か》かってくるやつがいないか。この針に引っ掛かってくる魚がいないか」と思って、出してるだけで……。
里村　それは分かります。特に「週刊文春」では、今年四月、新しい編集長になってから、その傾向《けいこう》がグッと強くなっています。
菊池寛　それは、前の編集長が、あんたがたの、何？　守護霊インタヴュー？
里村　そうです。『「週刊文春」とベルゼベフの熱すぎる関係』という本です。
菊池寛　その一回の守護霊インタヴューが出ただけで編集長が替《か》わっちゃったから、復讐《ふくしゅう》してんだよ。それは復讐。「恩讐の彼方《かなた》」まで行ってない。まだ、「恩讐のただなか」にいるんだよ。

里村　復讐ですか。

菊池寛　復讐してるんだよ。

創価学会《そうかがっかい》から幸福の科学に覇権《はけん》が移った？

綾織　先ほど、「関ヶ原」という言葉が出てきましたが、そうすると、文藝春秋社の会社の方針として、「幸福の科学と対決する」というか、「勝負する」というものが出ているわけですか。

菊池寛　そういう見方もあるけど、別の見方もあると思うんだよ。はっきり言って、「ここまでやる」っていうことはだな。まあ、俺も、最近の週刊誌を全部読んでるわけじゃないから、よくは知らねえけどさあ、君、別の取り方はあるよ。隣《となり》から見ると、あれだぜ。もう、これは「称賛だ」と思ったほうがいいかもしれないな。

里村　目次を見ると、有名人ばかりではありります。

菊池寛　これは、文春が、「池田大作《いけだだいさく》から大川隆法に覇権《はけん》が移った」という宣言をしたというか、お墨付《すみつき》をくれたんだよ。

里村　（苦笑）そんなお墨付はくれなくてもよいのですが。

菊池寛　いいほうに解釈《かいしゃく》すれば、そういうことになる。文藝春秋社が、「創価学会《そうかがっかい》から幸福の科学へ、池田大作から大川隆法へ、覇権の移譲《いじょう》が行われた」っていうことを公式に認めたんだよ。

そういう意味で、君たちと戦おうとしてるんじゃない。「客観的に見て、すでに覇権は移動されたと見ている」ということだな。

要するに、ナンバーワンになったら、悪口を書かれるんだよ。総理大臣もそうじゃないか。今のドジョウ総理だって、毎回、毎週、悪口を書かれてるし、新聞を見りゃ、毎日だろう。

論理としては、まず、週刊誌に悪口が書かれるんだよ。次に、最高権力者のような立場になると週刊誌では済まなくて、「新聞で毎日批判しておかなきゃいかん」というところまで行く。これが、いちおう、今のマスコミのルールなんだよ。

今、あんたがたは、まだ、新聞で毎日叩《たた》かれるところまでは行ってない。ただ、「週刊誌に叩かれても、ジャイアンみたいに強くて巨大《きょだい》なパワーがあって、ちょっとぐらい殴っても蹴《け》っても、びくともしないだろう」と、マスコミが甘《あま》えを感じるぐらいの存在にはなっとる。そういうことだよな。

5 徐々《じょじょ》に「本性《ほんしょう》」を現す菊池寛

「偉《えら》くなった人の記事は想像で書いて構わない」という本音

里村 私どもは、オウム教のような一部のカルト団体とは違《ちが》って、当会をやめた人にも、ある意味で、批判の自由は認めています。ただ、ありもしないことを並べて悪口を書くのは、間違っています。

菊池寛 いやあ、これねえ、取材なんか要《い》らないんだよ。

里村 ほう！

菊池寛 もともと取材なんかしてもいないし。

里村 していないのですか。

菊池寛　「してもいない」っていうか、する気もないんだよ。あのねえ、「偉《えら》くなった人」っちゅうのは、取材が要らないのよ。もう想像しただけでいいのよ。「『金と女と地位と権力に執着《しゅうちゃく》した人がするだろう』と思うことを想像して書いとけば、だいたい当たる」と、みんな思ってて、取材なんちゅうのは、取って付けたようなもんでねえ。まあ、必要だったら取って付けるけど、記者は誰《だれ》であっても想像だけでも書けるのよ。

里村　想像で書いてもよいのですか。

菊池寛　この記事だって、人を替《か》えたって構わないんだ。誰に人を替えたって、これ、書けるのよ。

あなたは、まだ、そんなに偉くないから、書けないけど、あなたが、幸福の科学でものすごく偉い人になれば、書けるわ。想像しただけで、顔を見ただけで書けるわけよ。何でも書けるんだよ。

里村　私の顔を見て書くのは構いませんけどね。

菊池寛　「彼（里村）は、若いころ、毛沢東《もうたくとう》に心酔《しんすい》していた。顔が似てるということで、『何とかして、毛沢東みたいな独裁者になりたい』と思って、やっていた」と。

里村　それは、まったく事実ではありません。

菊池寛　それで、「共産主義は、非常に清廉潔白《せいれんけっぱく》な政治を目指しているように言いながら、毛沢東は、奥地《おくち》へ奥地へと逃《に》げていきながら、もう、女をいっぱい囲って、性の儀式《ぎしき》をやりながら転戦していった」と。

里村　もう、分かりました。

菊池寛　まあ、そんなことぐらい、顔を見ただけで、なんぼでも書けるのよ。

里村　これだけは言わせてください。ということは、今の「週刊文春」の編集方針は、やはり、菊池先生から出ているのではないですか。

菊池寛　いやあ、出てるわけじゃなくて、「人間にイマジネーションがあるかぎり、いくらでも、こんなもんは書ける」ということを言ってるだけじゃないか。

里村　いやいや。

浄土真宗《じょうどしんしゅう》が流行《はや》っているのは「悪人」が多いから？

斎藤　菊池先生は、善と悪について、どう考えているのですか。

菊池寛　「善悪の彼方《かなた》に」っていう言葉もあるだろう。なあ。

斎藤　ごまかさないでくださいよ。善悪については、「まったく考えてない」という感じがしますよ。

菊池寛　いや、俺《おれ》は、どっちかと言ったら、「仏教は、いいなあ」と思うことがある。日本の仏教のいちばんいいところはさあ、善悪を超《こ》えてるところなんだよ。「もう、善も悪もないんだ」とか、「いや、悪こそ素晴《すば》らしいんだ」とか、そういうところがある。

里村　だから、思想界の方や、作家の方は、みな、親鸞聖人《しんらんしょうにん》の悪人正機説《あくにんしょうきせつ》のほうに行くのです。本当にそうです。

菊池寛　そうなんだよ。だから、君ねえ、これは、文春が君たちを批判してると思ったら間違いなんだよ。間違い！

里村　ええ？

菊池寛　今、マスコミ界というか、出版界では、「宗教界でいちばん大きいところはどこかと言えば、それは浄土真宗《じょうどしんしゅう》だ」と言われている。公称《こうしょう》一千二百万もいる。なんでかと言ったら、罪を許す教えだからだ。「いかなる悪を犯《おか》しても、阿弥陀《あみだ》様は悪人こそ救われるのだ」という教えに惹《ひ》かれて、みんな行くんだな。要するに、現代は悪人だらけだからね。

里村　そうなんです。

菊池寛　そのマーケットがいちばん大きいので、浄土真宗が流行《はや》ってるわけだ。

里村　ええ。

菊池寛　だから、こういう記事を書くっていうことは、君たちに対して、「ああ、いよいよ浄土真宗を乗り越える覚悟《かくご》ができたんだな。不退転《ふたいてん》の覚悟ができたんだな」というふうに取る人もいるわけだよ。

里村　そのように取る方もいるとは思いますが、こちらとしては、たまったものではないですよ。

菊池寛　いや、何言ってんの。これはマホメットもやったことなんだから、いいんだよ。

里村　いやいや。

菊池寛　マホメットは、奥さんを十何人ももらって、世界宗教をつくったんだろ？これに勝たなかったら、大川隆法はねえ、イスラム教に勝てないんだよ。

酒井　いや、理屈《りくつ》は分かりましたけど……。

菊池寛　キリスト教、仏教、イスラム教を超えるっていうことはだねえ……。

幸福の科学を「飯《めし》のタネ」にし、〝共存共栄〟するのが目的

酒井　先般《せんぱん》、「週刊文春」の前編集長は、「文春は、官僚《かんりょう》や政治家との関係が、かなり深い」と言っていました（『「週刊文春」とベルゼベフの熱すぎる関係』第1章参照）。

菊池寛　うん。

酒井　それで、「彼らからの意図により、『増税に反対している幸福の科学、特に大川隆法総裁は怖《こわ》いので、これを叩《たた》け』と言われて、動いているんだ」というようなことを言っていました。

菊池寛　そりゃそうだよ。

酒井　これは別に、称賛ではないですよね。

菊池寛　いやあ、小沢《おざわ》（一郎《いちろう》）なんかは、もう、「正体見たり、枯《か》れ尾花《おばな》」だよな。

これは、もうすぐ終わりだけどさ。
里村　ほう。
菊池寛　大川隆法は、下手《へた》をすりゃあ、心臓発作《ほっさ》でも起こして死んでくれないかぎり、あと三十年以上、権力者として続いていく可能性があるからさ。
里村　うん。
菊池寛　これは、そろそろ、ほら……。
酒井　「潰《つぶ》そう」という意図ですよね、彼らは。
菊池寛　潰すんじゃないのよ。君たちを、いい言葉で言えば「取材源」とし、悪い言葉で言えば「飯《めし》のタネ」とし……。
綾織　ほう。
菊池寛　「これから三十年以上、共存共栄しようじゃないか」と、こういう申し出なんだよ。

酒井　ただ……。

菊池寛　そういうふうに受け取らないとね。これは夕食への招待なんだよ。インビテーションなんだよ。

里村　とんでもない招待状なんですけど、問題は、その背後にいる人たちですよ。今、司会の酒井氏が指摘《してき》した官僚とか……。

菊池寛　いや、君ね、「文春」は幸福の科学のファンなんだよ。だから、大川隆法に、もっと偉くなってほしいんだよ。

酒井　要するに、金づるでしょう。

菊池寛　いや、「イスラム教を超え、マホメットを超えろ」と言って、こうやってエールを送ってるんだよ。

酒井　最初、あなたは、「経営が大変だ」と言って納得《なっとく》していたではないですか。

菊池寛　エールを送ってさあ……。

酒井　そんな高尚《こうしょう》な意図はないはずです。

菊池寛　いや、「これで信者が離《はな》れず、潰れなかったら、マホメットを超えられる。そして、日本発の世界宗教ができる」ということで、エールを送ってるんだよ。

酒井　結果として、当会は世界宗教になると思いますが、あなたの後輩《こうはい》たちには、そんな意図など微塵《みじん》もないはずですよ。

菊池寛　いやあ、俺たちの原動力は、そのー、書くタネがなければ、いや、「俺たち」じゃなくて、今……。

酒井　やはり、「俺たち」なんですね。

菊池寛　いやいやいやいやいや……。

酒井　あなたたちは、一緒《いっしょ》なんじゃないですか。

里村　もう、「俺たち」になりましたよね。

やはり菊池寛は地獄《じごく》に堕《お》ちているのか

酒井　菊池寛さんは、もう少し高尚なことを言うのではないかと思っていましたが。

菊池寛　今の編集者たちは、本音では、「書くタネがない場合、とにかく嫉妬心《しっとしん》に基《もと》づいて想像すれば、記事は書ける」と思ってるわな。

酒井　要するに、それは地獄《じごく》記事ですよ。

菊池寛　え？

酒井　それを擁護《ようご》するのであれば、菊池寛先生も地獄ですよ。

菊池寛　いや、純文学のなかにも、そういう面は一部あるからね。
　そこから立ち直るところが素晴らしいんだよ。

里村　純文学には、地獄的なものもたくさんありますからね。

菊池寛　その地獄も、克明《こくめい》な地獄を描《えが》くことが……。

酒井　それは勝手に自分たちの地獄を描いているだけではないですか。

菊池寛　いやいや、みんなが地獄に堕《お》ちてからじゃ遅《おそ》いから、地獄を克明に描いて、知らしめるわけだ。これは、宗教とまったくおんなじなんだよ。

酒井　それであれば、公的存在である文春の編集長が、自分の地獄話をすればいいんですよ。「私は、こんなにすごい人です」と。

菊池寛　そんなの、地獄に堕ちるに決まってるじゃないか。当ったり前だよ。そんなの言うまでもないことだよ。

里村　ええ。

綾織　今までの発言からすると、やはり……。

菊池寛　ええ？
綾織　あなたは、どうも天国にはいない状態ですよね。
酒井　地獄を「天国だ」と言うのは、よくないことですよ。
菊池寛　ほら、あの、「週刊新潮」の編集者だけが地獄に堕ちるわけはないでしょう。
酒井　それでは、「週刊文春」の編集長も地獄ですね。
菊池寛　当然ですよ。当たり前ですよ。そんなの分かってるじゃないですか。
酒井　菊池先生はどうなのですか。そんな記事を放っておいたら……。
菊池寛　しかしね、彼らはイエス・キリストのような尊い犠牲者《ぎせいしゃ》なんだよ。
酒井　いやいや、そんなことはありません。
菊池寛　自らを犠牲にし、地獄に身を投げることによって、大衆を救おうとしていらっしゃるんだよ。

酒井　それは、論のすり替えですよ。

菊池寛　うん？

酒井　それなら、菊池先生もそうすればいいではないですか。

菊池寛　いや、だから、自ら地獄に堕ちてこそ、人を地獄から救う力が出てくるんだ。

綾織　今、ご自身は、そういう状態なんですね。

菊池寛　浄土真宗とおんなじなんだよ。

斎藤　そういうのを、「本願《ほんがん》ぼこり」と言うのです。要するに、「自分は、こんなに罪深い人間だ」といって、ドボーンと罪に入っていくのは、親鸞聖人が戒《いまし》めたことですよ。それは、まったく逆の教えではないですか。

「大川隆法への嫉妬《しっと》」を認める菊池寛

酒井　菊池先生も、もしかしたら嫉妬《しっと》しているのではありませんか。

菊池寛　嫉妬は……、してる。
酒井　していますよね。
菊池寛　うん。してる。
酒井　大川総裁に。
菊池寛　そ、そ、それは認める。うん。
酒井　それが今の編集長に同通しているのではないですか。
里村　そうですね。
菊池寛　いやあ、やっぱり、自分でものを書いてた人で、事業を起こし、出版社を起こせたってことだけが誇《ほこ》りで……。
斎藤　なるほど。そこが似ているわけですね。

菊池寛　ここまで行ける人は一万人に一人もいない。

酒井　だから、そんな人に出てきてもらっては困るわけですね。

菊池寛　一万人とか百万人とかに一人ぐらいしかいないんだけども、それ以外にも、（大川隆法は）宗教はやるし、出版社はやるし、学園で学校や大学はつくるし……。

里村　海外伝道もやっております。

菊池寛　政党はつくるし、海外もやっている。主力は一人だよな。

里村　ええ。

菊池寛　普通《ふつう》、一人の作家の書いた本が、全部ベストセラーで、そこで大勢の人が食っていけるということはない。ほいで、文藝春秋《ぶんげいしゅんじゅう》には、五百人も職員がいないだろうと思うけども……。

里村　そうです。四百……。

菊池寛　「一人の作家がつくった出版社を基《もと》に、宗教も学園も大学も海外も、それから政党もつくって、さらに、二千人近い人を養《やしな》おうとしている」なんていうのは、俺だって嫉妬するわ。

綾織　そうすると、編集部の方針を、菊池寛さんが指導している状態なんですね。

菊池寛　いや、嫉妬してるわけじゃないけど、まあ、みんなの……。

里村　今、「嫉妬している」と言ったではないですか。

菊池寛　みんな、もう、嫉妬を理解して……。

斎藤　最初、出てきたときに、「同質なものへの嫉妬、同業への嫉妬がある」ということをバーンと喝破《かっぱ》されましたよね。

菊池寛　いやあ、それはねえ……。

斎藤　実は、ご自身が、大川隆法総裁にいちばん嫉妬しているのではないですか。

菊池寛　いやいや、幸福の科学はねえ、けしからんのだよ。

斎藤　やっぱりそうじゃないですか。

菊池寛　（「週刊文春」のグラビアページを見せながら）ほら、創価学会《そうかがっかい》は、ここまでやらなきゃ幸福の科学に対抗《たいこう》できないでいる。かわいそうじゃないですか。

里村　もう、そういうグラビアは結構ですから。

菊池寛　ええ？　こんな小娘《こむすめ》を出してさ、こんなベッドに裏返らせてさ、それで宣伝しなきゃいけないいんだよ。

里村　ええ。

菊池寛　（別のページを見せて）ドジョウ宰相《さいしょう》は、こんな汚《きたな》い顔を写し出さなきゃ、もう生きていけないいんだよ。

里村　ええ、ええ。

菊池寛　君らはさ、活字だけで飯《めし》を食っていこうとしているけど、それはないんじゃないかなあ。

酒井　要するに、あなたは過去の栄光を維持《いじ》しようとしているわけですね。

菊池寛　次は、大川隆法がこの写真のようになるか、大川隆法夫人がこういうふうな格好になるか……。

斎藤　やはり、そちらのほうに持っていきたいわけでしょう?

菊池寛　見てちょうだいよ。この上に大川隆法が襲《おそ》いかかってるシーンなんかをグラビアに載《の》せると……。

酒井　あなたは、そうしたいわけですね。

菊池寛　もう、これは、全部売り切れるわなあ。

酒井　そうしたいんですね。

菊池寛　撮《と》りたい。

酒井　もう、あなたを「先生」とは呼びません。

菊池寛　この（写真の）顔だけを入れ替えても……。

酒井　要するに、菊池寛は、そういう人間なんですね。

菊池寛　そういう、似たようなやつを入れ替えてでもやりたいな。後ろ姿でもいいからさあ。

文藝春秋《ぶんげいしゅんじゅう》社の平尾《ひらお》社長とは「一蓮托生《いちれんたくしょう》の関係」

酒井　それでは、まさにあなたが「文春」の〝御本尊《ごほんぞん》〟ではないですか。

菊池寛　ま、〝御本尊〟だよ、俺は。

綾織　編集長にも、直接、そういうアドバイスをされているわけですね。

菊池寛　いや、原則、俺は善人だよ。原則は善人だけども……。

酒井　あなたは「今の文春とは関係ない」と言っていたではないですか。

菊池寛　いや、やっぱり、社員の嫉妬心の集合想念を感じて、彼らを指導しなければいけないな。

酒井　あなたは、社長と同通していますね。

菊池寛　社長と同通も何も、そんなの一蓮托生《いちれんたくしょう》じゃないか。何言ってんだ。

里村　平尾《ひらお》社長と一蓮托生ですか。

菊池寛　ああ。

酒井　そうすると、今のこの路線は、あなたから強烈《きょうれつ》に出ているわけですね。

菊池寛　いや、そんなことはない。これは、緊急避難《きんきゅうひなん》なんだ。

酒井　緊急避難？　要するに、あなたから出ているわけですよね。

菊池寛　いや、だから、俺の……、いやいやいや、私《わたくし》のような時代にはだな……。

酒井　「俺」でいいですよ。もう「先生」とは呼ばないですから。

菊池寛　今は、私の時代にはありえなかったような、怪《あや》しげな情報通信の世界に入ってるわけよ。

里村　うん。

菊池寛　こういう、まったく予想されない時代に、紙の「週刊ニュース」が生き残れるかどうかっていうのはね、もう、下手したら、編集長から社長まで、ホテルで縄《なわ》を吊《つ》るして、首をぶら下げる寸前なんだからさ。

里村　それは、負ける方向に記事のレベルを落としているからですよ。

酒井　だから、警告しているんです。

里村　そうなんですよ。

酒井　あなただって、このまま行ったら、「週刊文春」の創業者ということで、一蓮托生ですよ。

菊池寛　こんなのは、インターネットより、ちょっとだけ面白《おもしろ》いじゃない？

酒井　いや、ほとんど「2ちゃんねる」ですよ。

菊池寛　雑誌は、見出しが大きいし、写真が載るじゃないか。

酒井　カラーになっている分、「2ちゃんねる」より、よほど下品ですよ。

里村　「2ちゃんねる」に書いてあることと、こういうメディアとの違いは、やはり、きちんと、その信憑性《しんぴょうせい》をめぐって裏取り取材をしているかどうかなんです。

菊池寛　そんなことはないよ。

酒井　そうなんです。

菊池寛　まあ、朝日新聞が威張《いば》ってるのと、朝日新聞に広告を載せてる週刊誌が威張ってるのとは、やっぱり、ちょっと違うよ。

里村　ほうほう。

菊池寛　「週刊誌に勤めてる」って言ったら、やっぱり、ちょっと恥《は》ずかしい。

酒井　恥ずかしいでしょう？　こんなことを書いているから恥ずかしくなるんですよ。

菊池寛　そりゃ、週刊誌の記者だって酒は飲んでるけど、うちの会社だって、会社の名前は出せないよ、やっぱり。

里村　名前を出さずにね。

菊池寛　赤坂でも、そらあ出せないよな。

里村　飲む店も違いますしね。

菊池寛　ああ。

酒井　菊池先生は、それでいいんですか。あ、「菊池先生」って呼んじゃった（笑）。

菊池寛　いや、「よくない」とは思うけども、やっぱり資金がなかったら、物事は何もできない。

酒井　要するに、あなたは金を儲《もう》けなければいけないわけですね。

菊池寛　それは、あなたも理解してるじゃないか。

「記事が嘘《うそ》でも本当でも何でもいい」と嘯《うそぶ》く菊池寛

綾織　このままだと、「文春」は、記事の間違いがどんどん明らかになり、廃刊《はいかん》に向かっていくことになります。

酒井　それに、このまま行くと、あなた自身も、霊界《れいかい》の〝地面〟が割れて、どんどん下に落ちていきますよ。

菊池寛　嫉妬の根源はねえ、やっぱり、宗教の税金のところだよ。宗教は、課税されていない「タダ金」でやって、こんな出版不況《ふきょう》の折に、出版で売りまくって、「ギネス記録」だの、「本を九百冊出した」だの、そんな宣伝をしたらさ、週刊誌を挑発《ちょうはつ》してるようにしか見えないじゃないか。

里村　非課税は当たり前です。宗教が税金を取られてたまりますか。

酒井　あなたは宗教を知らないでしょう?

菊池寛　知ってるよ。

里村　宗教は、自殺を止めたり、いじめを止めたり、いろいろな救済活動をやっているんですよ。

菊池寛　それは、あんた、お金持ちはさ、〝暗殺〟されないようにね、そんな慈善《じぜん》事業やってるのと変わらない。

里村　とんでもありません。

酒井　しかし、普通は、こんな嘘《うそ》で塗《ぬ》り固めたりしないですよ。

菊池寛　嘘って、まあ、にぎやかでいいじゃないか。

酒井　公益性がないではありませんか、こんなものには。

里村　今回、「週刊文春」の記者さんは、「取材の過程での裏取りはできていません」と言っていました。

菊池寛　それは、君ら弟子《でし》が悪いんだよ。

里村　何が悪いのですか。

菊池寛　君らはね、大川隆法を、そんな質素倹約《しっそけんやく》で慎《つつ》ましい、禅僧《ぜんそう》みたいな人間にして、それで生涯《しょうがい》を終わらせたいのかね。やっぱり、華《はな》やかな表舞台《おもてぶたい》に立たせてやらなきゃ。

酒井　その「表舞台に立つ」というのは、「文春に書かれる」ということですか。

菊池寛　そうだ。こういうふうな華やかな世界……。

酒井　嘘を書かれるのは汚《けが》らわしいですよ。

菊池寛　ええ？　嘘でもほんとでも、何でもいいじゃないか。

里村　そのへんが、編集長と同じなんですよ。

斎藤　やはり、「週刊新潮」や「週刊文春」の編集長と同じですね。

菊池寛　ええ？

悪魔《あくま》ベルゼベフは「人間の欲についての専門家」？

酒井　あなたは、もしかしたら、ベルゼベフと仲がいいでしょう？

菊池寛　そんなことはないよ。俺、外人は知らねえよ。

酒井　だけど、この本（『「週刊文春」とベルゼベフの熱すぎる関係』第2章参照）のなかで、ベルゼベフは、別にあなたのことを否定しなかったんですよ。それで、「おかしいなあ」と思っていたんです。

菊池寛　ええ？　まあ、それは……。

酒井　あなたのことを「知ってるよ」と言っていましたからねえ。

菊池寛「人間の欲についての専門家である」というところは一緒かもしらんわな。

里村　ほうほう。

酒井　ベルゼベフに、「菊池寛氏は、あなたのことを嫌《いや》がっていないのですか」と私が訊《き》いたら、「何をだよ」と言って、あなたのことを、「知ってるけど、俺の玉じゃねえ」と言っていました。あなたはベルゼベフと知り合いなんですよ。

菊池寛　いやいや、君たちと俺たちは、ある意味で同業なんだよ。

酒井　同業ではないです。

菊池寛　君らは、人間の欲を研究して、欲にまみれた人たちを、ちょっとは清らかな世界に連れていくように診断書《しんだんしょ》を出すのが仕事で、俺たちは、欲の世界とはどういうものかを、つぶさに書いて、みんなに認識させ、自覚させるのが仕事なんだ。

里村　違います。あなたがたは欲を掻《か》き立てているんですよ。

菊池寛　いやあ、そんなことはない。

里村　そちらは欲を掻き立て、こちらは欲を消しているんです。

菊池寛　何言ってんの。清純路線なんだよ。

里村　はあ?

菊池寛　だから、こういう……。

里村　そのグラビアが、ですか。

菊池寛　お、お、女に走るとねえ、家庭が崩壊《ほうかい》する。それは、人類幸福化を言ってる総裁であっても、奥さんが、こんな変な顔になって暴《あば》れたりするようになる。だから、「気をつけたほうがいいよ」ということで、「浮気《うわき》したくても、それを断念するところに、「君たちの正しい道があるんだ」と教えてるわけじゃないか。

酒井　あなたは、煩悩《ぼんのう》にまみれた人間だからいいですけど、大川総裁は、煩悩の世界とは一線を画しているんですよ。

菊池寛　いや、お、お、俺だって、本を読んだり、そらあ、作家と付き合ったりしていたよ。

酒井　それでは、なぜ、競馬《けいば》や麻雀《マージャン》などをやったのですか。

菊池寛　競馬は、いや、それねえ……。

里村　競馬、麻雀、それから、女性のほうもたいへんお盛《さか》んでしたよね。

菊池寛　いやあ、まあ、そらそうだろうよ。当ったり前じゃないか。

酒井　そういうことを、あなたは肯定《こうてい》したいわけでしょう?

菊池寛　競馬、競輪、酒、女性は、全部つながってる。当たり前だよ。

里村　そうですね。みんなお好きですすよねえ。

菊池寛　そんな禁欲をする人がいるわけないだろう？

酒井　そうすると、あなたは、あれでしょう？　この世に出てきて……。

菊池寛　あん？　俺がやったのは何かって言うと、宗教家とまったく同じ、求道心《ぐどうしん》なんだよ。

酒井　それは違います。

菊池寛　人間の本質を研究し尽《つ》くさなければ、小説とか、こういう雑誌とかは出せないんだよ。

〝王様〟を裸《はだか》にするのが民主主義なのか

酒井　あなたは、どこかで道を間違えましたね。

里村　今のお話を聞いていると、「週刊文春」の編集長と、言うことが本当にそっくりですね。

菊池寛　ああ、そう。

里村　今の「週刊文春」の編集長は、あるインタヴューで、「偉い人に対して、『裸《はだか》の王様だ』と言って一太刀《ひとたち》浴びせるのが、週刊誌の役割だ」と言っているんですよ。

菊池寛　それは民主主義の原点じゃないか。

里村　ああ、やはり、同じですね。

菊池寛　王様を裸にするのが民主主義じゃないか。何言ってんの。

里村　違います。誰にだって、裸の部分はありますよ。

菊池寛　だから、「王様は裸だ」って、ウワーッと子供にでも言われるのが、民主主義じゃないか。

里村　だけど、人間が持っている「聖なる部分」が大事なんです。

菊池寛　やっぱり、「パンを食べる金がない」と言ったら、「ケーキを食べたらいいのに」って言ったやつの首をはねるのが民主主義じゃないか。ええ？

里村　つまり、いろいろな人に関して、粗《あら》がないところに「粗がある」と言い立てるようなことが週刊誌の役割だと？

菊池寛　ああ？　粗があったっていいじゃないか。俺だって、これだけやっても、ちゃんと尊敬されてるんだからさ、いいじゃないの。

酒井　いいえ、「尊敬されていればいい」というものではないですよ。

地獄《じごく》にいる松本清張《まつもとせいちょう》とは「話が合う仲間」

酒井　それなら、あなたは、今、どういう世界にいるのですか。

菊池寛　ああ？　うーん、どういう世界って、それは……。

酒井　友達には、どういう人がいるのですか。

菊池寛　それは……。
酒井　芥川龍之介《あくたがわりゅうのすけ》は一緒にいますか。
菊池寛　うーん。芥川龍之介は、ちょっと違う世界に行っている。それは、まあ、仙《せん》人《にん》の世界だと思うけどなあ。
酒井　あなたは彼よりも上なのか下なのか、言ってくださいよ。
菊池寛　ええ？　上も下も……。ちょっと、いる世界が違うからなあ。
酒井　あなたは、もしかしたら、地上世界を徘徊《はいかい》しているのではないですか。
菊池寛　まあ、「(芥川龍之介は)俺ほどは遊んでいない」とは思うけどさあ。
里村　だから、周りにいるのは誰ですか。一緒に遊んでいるのは？
酒井　あなたは、ゴシップ的なことを知りすぎていますよ。こんなことに興味があると、あの世の天国にいられないはずです。

菊池寛　うん、まあ、それは、だから、偉い偉い推理小説家の松本清張《まつもとせいちょう》なんか、いたじゃないの。

里村　ああ、やはり、お友達なんですね。

菊池寛　ああいう人なんかは、そらあ、話が合うわなあ。

里村　合いますよねえ。

酒井　あの人は〝素晴らしい〟ですからねえ。

綾織　ほぼ同じ世界にいるのですか。

菊池寛　うん。まあ、研究してる対象は似たようなもんだからなあ。

酒井　似ている？

菊池寛　だって、「女」と「金」と、まあ、「殺人」が入るな。ちょっと、あんたのところも、殺人ぐらいやらんと、やっぱり面白みがないや、全然。

里村　バカなことを言わないでください。

酒井　松本清張さんとは仲がいいほうですか。

菊池寛　まあ、そういうのと仲間は仲間だわなあ。

酒井　どれくらい頻繁《ひんぱん》に会っていますか。

菊池寛　まあ、それは、やっぱり、出版社の社長や作家とは、すごく頻繁に酒を酌《く》み交《か》わさなきゃいけないと思うけど。

酒井　残念ですが、あの人は地獄《じごく》に堕ちているんですよ。

菊池寛　ああ?　そんなことはないだろう。

酒井　いやいや、そうなんです。

里村　地獄界ですよ。

菊池寛　あんたがたカルト宗教が言ったことなんか、誰も信じないわな。

里村　いやいやいやいやいや。

酒井　そもそも当会をカルト宗教と言うこと自体、あなたには正当性はないですよ。

菊池寛　松本清張は、「清張文庫」に二万冊も置いて、みんなに公開した。あんなに勉強した偉人《いじん》だよ。

酒井　要するに、あなたが、あの世からインスピレーションを発信しているんですね。

菊池寛　松本清張は、印刷所で活字拾いをしたり、朝日新聞に勤めたり……。

里村　いや、勉強はいいのですが、結局、生み出された果実が問題なんです。越《こ》えてはいけない一線を越えた「週刊文春」

酒井　要するに、あなたは、大川総裁と同じ四国の出として、すごく悔《くや》しいわけでしょう?

菊池寛　俺は弘法大師《こうぼうだいし》じゃねえからさあ、仏陀に嫉妬せないかん理由はないだろう？　だから、それは関係ない。

酒井　さっきは、「嫉妬している」と言ったではないですか。

菊池寛　まあ、ちょっとはしてるけど、やっぱり、活字媒体《ばいたい》というか、本を売る力のところに嫉妬してるよ。

酒井　あなたは、当会の救世運動について、どう思っていますか。

菊池寛　だから、俺は本を売る運動に対して嫉妬してるんであってね。『コーラン』一本で勝負しろよ、『コーラン』一本で。ええ？

酒井　「人類を救う」という理想に対して、あなたはどう思っていますか。

菊池寛　『法華経《ほけきょう》』一本で、あなた、やってみろよ。

酒井　あなたは、当会の運動を邪魔《じゃま》しているわけでしょう？

菊池寛　『法華経』一本で八百万所帯とか言ってるところがあるんだからさ。

酒井　あなたの行動によって、人類の救済が遅れて、それだけ多くの人が死んでいく可能性があるんですよ。

菊池寛　そんなことはない。俺たちの記事によって、人類は救済されてるかもしれないじゃないの。

里村　そんなことはないと思いますよ。

菊池寛　これ（「週刊文春」）に出てくる人は、みんな偉い人ばっかりじゃないか。

酒井　去年も大地震《じしん》が起きて、多くの人が亡《な》くなったではないですか。

菊池寛　そんな因果《いんが》関係はないよ。

酒井　あるんですよ。「因果関係がない」と言うこと自体が間違っています。

菊池寛　「こんな偉い人にも、こんな欲がある」ということを……。

斎藤　「偉い、偉くない」ではなくて、その記事の内容自体が間違っているんです。
菊池寛　「偉い人にも欲がいっぱいある」ということを知った庶民《しょみん》は、「やっぱり、人間はみんな一緒なんだ。平等なんだ。民主主義は正しいんだ」っていうことが……。
酒井　あなたと一緒にしないでください。
里村　今の「週刊文春」は、越《こ》えてはいけない一線を越えましたよ、絶対に。
菊池寛　そんなことはないよ。
斎藤　週刊誌の編集長の守護霊《しゅごれい》たちは、霊言《れいげん》で、「民衆の嫉妬が正義だ」ということを言っていましたよ。
菊池寛　うーん。
斎藤　本当に、「嫉妬心の強いほうが、多数決で正義になる」と思っているんですか。
菊池寛　そう言ったってさあ、俺たちだって困ってるんだからさあ。

酒井　要するに、お金に困っているんでしょう?

危なくなると話をそらす菊池寛

綾織　今後は、どうされるつもりですか。

菊池寛　小沢一郎なんか、もう叩いたって、なんにも面白くないんだよ。

綾織　今後も幸福の科学の報道をしていきますよね。今後は、どのような方針で報道していこうと、今、編集長にアドバイスをしているのですか。

菊池寛　いやあ、君らが暴れてくれるんだ。（「週刊文春」を手に取って）このドジョウ総理だって、面白くねえなあ。

里村　ちょっと待ってください。

菊池寛　女性スキャンダルを書きてえけど、この顔を見たら、女性が逃げるわなあ。

綾織　野田さんのことは、もういいです。

里村　やはり、われわれに暴れてほしいわけですか。

菊池寛　ええ？　この顔は、もう、金を払《はら》わなきゃ女となんか遊べないよなあ。これはいかん。

里村　だから、ドジョウ総理は、もういいです。

菊池寛　いやねえ……。

酒井　あなたは、さっきから、危なくなると話をそらしていますよね。

菊池寛　ええ？　まあ、大川隆法は、今、ちょっとさあ、かっこよすぎるんだよ。

里村　おお。

菊池寛　これはねえ、もう、ほっといたって女がたかってくるわなあ。

里村　「たかる」という言い方はおかしいです。

菊池寛　もう、調査なんか必要ないのよ。アリはねえ、砂糖があるところにたかるんだ。これは決まってるんだからさあ。

酒井　結論から言うと、「文春」を指導しているのはあなたであるということですね。

菊池寛　まあ、そらあ、いや、困ったなあ。それはいかんな。

酒井　そういうことですよね。

菊池寛　でも、まあ、創始者は俺だ。

酒井　いやいや、そうではなくて……。

菊池寛　創始者兼《けん》総裁は俺だ。

綾織　「週刊文春」は、あなたが出している編集方針そのままですよ。

酒井　さっき、〝御本尊〟だと言いましたよね。

菊池寛　文春創始者兼日本麻雀連盟初代総裁だ。

里村　やはり、編集長と同通していますよ。そうすると、「文春」の未来は危ないですよ。

菊池寛　いや、危ないことぐらい、君に予言されなくたって分かってます。何言ってるんですか。

里村　今の「週刊文春」の編集長は、誤報・捏造《ねつぞう》記事で廃刊になった「マルコポーロ」にいた人です。そして、今の「週刊新潮」の編集長も、「フォーカス」にいて、廃刊になったんですよ。そのように、「廃刊カルマ」を負っている人が、今、同時に編集長をやっているわけです。

菊池寛　だから、いや、そう……、いや、君らの……。

酒井　やはり、「関ヶ原」の戦いそのものですね。

「文春・新潮」は信長《のぶなが》に滅《ほろ》ぼされた「浅井《あざい》・朝倉《あさくら》」の立場か

菊池寛　君らのさあ、その挑発的態度が気に食わないわけよ。

里村　どちらが挑発したというのですか。

菊池寛　君らが、もうちょっと従順ならいいんだけど。新潮も攻撃《こうげき》してさあ、「おまえらが、何か、ちょっとでも羽目を外したら、廃刊させたる」みたいな脅《おど》しかけてるじゃないか。

酒井　いや、しかし、こんなことを書いて……。

菊池寛　これはねえ、浅井《あざい》とあれは、組まなきゃいけないわけよ。

里村　連携《れんけい》を？

菊池寛　連携を。

酒井　最後に滅《ほろ》びましたけどねえ。

菊池寛　朝倉《あさくら》と浅井は、いざというときは連携組まないとさあ。

酒井　朝倉・浅井とも滅びたではないですか。
菊池寛　いざというときには、信長《のぶなが》、一騎《いっき》でも逃げ出すわけだからさあ。
里村　だから、滅びてしまったんです。
酒井　残念ながら、滅びてしまいましたね。
菊池寛　両方から挟《はさ》むんだ。そらあ、文春が浅井か……。
酒井　要するに、あなたには、〝滅びの人々〟と親和性があるわけですね。
菊池寛　いやあ、だから、まあ、俺たちから見りゃあ、幸福の科学ってのは「信長」みたいなもんだからさあ。
酒井　信長ではありませんよ。
菊池寛　だからなあ、新進勢力だよ。俺たちには昔からの伝統があるから、あのー。
酒井　要するに、あなたがたは、こういうものを書いても、何の反省もしていません。

一方、私たちは真実です。あなたがたは嘘を書いています。

菊池寛　いや、嘘じゃないよ。

酒井　嘘に対して怒《おこ》ることを、なぜ、あなたは……。

菊池寛　だから、俺はねえ、大川隆法に勧《すす》めてるのよ。

酒井　何を勧めているのですか。

菊池寛　いや、あの、「健康のために、やっぱり、女性には、ちゃんとこういうふうにしなきゃいかん」ということを手ほどきしてるのよ。

酒井　そうしたら、記事になるわけですか。

綾織　あなたは、最終的に、幸福の科学をどうしたいのですか。

菊池寛　それで全然困ることないんだって。マホメットの例があるんだから、この前例を超えればいいんだよ。

里村　マホメットのことはいいんです。今、幸福の科学をどうしたいのですか。

菊池寛　幸福の科学は、浄土真宗を超えなきゃいけない。浄土真宗は、罪の意識でいっぱいの人たちを救った。週刊誌とまったく一緒なんだよ。

6 「種村修《たねむらおさむ》」の人物像

酒井　ところで、今回の「週刊文春」の記事では、こんな、大川総裁ご自身も知らないようなことが、なぜ事実であるかのごとく、小説のように書かれているのですか。

菊池寛　それは、まあ……（笑）、みんなさあ。

酒井　こんなものを書いてよいのですか。

菊池寛　週刊誌記者ってのは、みんなさあ、もともと、作家になりたかったけど、なれなかった人たちなんだよ。

酒井　あなたは、「週刊誌記者」という言葉によって逃《に》げています。

里村　この記事の話は、幸福の科学を除名《じょめい》になった種村《たねむら》氏が言っていることです。誰《だれ》が見ても、性の描写《びょうしゃ》があまりにも細かすぎて不自然です。

菊池寛　まあ、見てきたように（笑）。

酒井　当会に、こんな「性の儀式《ぎしき》」などありません。

菊池寛　いや、これは、あのー、ポルノ雑誌を買ってきたら、いっぱい、こんなの書いてるけど、まあ……。

里村　完全にそうですよ。もう、筆が走っています。

酒井　おそらく、種村がポルノ雑誌を読みすぎなのではないでしょうか。

菊池寛　まあ、それは、いくらでも書けるから（笑）。

酒井　要するに、この人は、裁判をけしかけていて、お金が欲《ほ》しいわけです。そして、「お金が欲しい」というところで、あなたと同通しているんですよ。

菊池寛　まあ、お金が欲しいんじゃなくて、なーんちゅうか……。

酒井　この人に関しては、お金が欲しいのです。

菊池寛　これは名誉《めいよ》が欲しいんだろう。

酒井　いや、お金です。

菊池寛　名誉も、金も、地位も……。

里村　お金なんですよ。

菊池寛　これは、最終的には信者が欲しいんだよ。

里村　いやいや、これまでにも、お金目的で、「お布施《ふせ》を返せ」と言ってきたり、女性問題のことで、ゆするかのように、「これを公開されたくなかったら、金を出せ」と言わんばかりの手紙を送ってきたりしています。

酒井　結局、すべてお金なのです。あなたの背後にいるであろう財務省に関しても、「宗教法人課税」というお金が目的でしょう。

菊池寛　ああ、まあ、そうだ。そら、そうだ。ああ、おっしゃるとおり、おっしゃるとおり。これ、これ……。

酒井　種村もお金目的で、あなたたちも〝廃刊前《はいかんまえ》〟でお金が欲しい。儲《もう》からないから、お金が欲しいのですか。

菊池寛　これは、あれなんだよ。その、あれだよ。「モーツァルトに嫉妬《しっと》するサリエリ」みたいなもんで、大川隆法の才能に嫉妬してるんだよ。

里村　ええ。

菊池寛　ここ（幸福の科学）に人が集まってきてさあ、本がいっぱい売れてさあ、海外にまで行って、嫉妬せんわけ、いかないだろう？（種村が）「一番弟子《でし》」と自分で言うてるんやろう？

そしたら、やっぱりさあ、おんなじぐらい、その八割なり七割ぐらいは実績がなきゃいかんじゃない？

里村　いや、菊池さん、これだけは聴《き》いてください。

ちなみに、今から二十数年前、この種村氏は、大川総裁から、「あなたは、『性欲の克服《こくふく》』が、今世《こんぜ》の課題だ」というように言われているのです。

菊池寛　ああ、そうなの？　まあ、そりゃ、〝種馬《たねうま》〟だろう？　あ、いや、種村か。ああ、みょう、みょう、名字《みょうじ》が、た、た、〝種馬〟なんだから、しょうがないじゃないか。

斎藤　私も、二十数年前に、本人から聞いたことがあります。

菊池寛　名字が種村《たねむら》なんだなあ。種《たね》、種が問題なんだ、いちばん。

斎藤　エロチックなアニメーションを見て、「どうしても借りてしまった」というようなことを、本人は言っていました。それで、煩悩《ぼんのう》で悩《なや》んでおられました。その話は元奥《おく》さんからも聞いたことがあります。

菊池寛　いや、だから、この人ねえ、生長《せいちょう》の家から幸福の科学に来て、やっぱり不幸になったんだよ。生長の家はさあ、悪いことは、人生に一切《いっさい》ないんだよ。だから、闇《やみ》はないんだよ。全部が光だからさあ、何したって大丈夫《だいじょうぶ》なんだよ。

里村　生長の家を追い出されて、こちらに来たのですが。

菊池寛　いやいや、この人は、幸福の科学に来たら、闇の部分も指摘《してき》されて、不幸になったんだよ。

里村　それは自分の心次第《しだい》です。

菊池寛　うーん。うるさいから、元が恋《こい》しいわけよ。

里村　しかし、それを糧《かて》にして、ずっと立派に仕事をしている、あるいは、職員を辞《や》めても頑張《がんば》っているＯＢも数多くいます。やはり、これではおかしいでしょう。

菊池寛　うーん。まあ、そりゃ、いろんな人もいるだろうけどさ。いや、面白《おもしろ》くないわけよ。

里村　そして、でっち上げの話で教団からお金を取ろうとしているような人を、今回、「週刊文春」が記事にしたのですから……。

菊池寛　いや、でっち上げっていうか、まあ、少なくとも、初動期にはなんかの役割を果たしたんだろうし、「.if《イフ》」だけども、もし存在しなければ、ちょっとは教団《きょうだん》の発展が遅《おく》れたかもしれない人が辞めさせられて、今、教祖《きょうそ》一人だけ儲けて、ええ思い、いっぱいして、もう、トルコのハーレムや、マハラジャみたいになってるっちゅうなのは、そら、許せんじゃないか。

綾織　ほかの週刊誌もこの話を知っている可能性があるのに、「週刊文春」だけが取り上げたんですよ。

菊池寛　うん、いや、そらあ危ないとは思うけど。

綾織　すでに「三流週刊誌」になってしまったわけですよ。

菊池寛　もし当たれば、やっぱり……。

酒井　「当たるか」などということを言いますか！

菊池寛　最強の週刊誌として、他誌をぶっちぎり……。

里村　このままでは、文藝春秋社《ぶんげいしゅんじゅう》にとって、あの『マルコポーロ』が廃刊になるきっかけとなった、「戦後世界史最大のタブー。ナチ『ガス室』はなかった。」という記事と、同じような事件になっていきますよ。これがきっかけで廃刊になりますよ。

菊池寛　いや、だから、もし勝ったらさあ、もう、ぶっちぎりじゃないか。

酒井　だいたい、常識で考えれば、ぶっちぎりにはなりません。

菊池寛　これ勝ったら、ぶっちぎりになるよ。

里村　最近、「週刊文春」の編集長が、「スクープを打っても打っても、話題にはならない」ということで悩んでいると聞きました。それで、「今度は幸福の科学」ということにしたわけですね。

菊池寛　うん。それは、記事のコピーが流行《はや》ってるからだ。コピーがなかったら、宗教団体がこれ（「週刊文春」）を全部買うけど、コピーがあるから買わないだろう？なあ。

里村　いや、違《ちが》います。内容がないから買わないのです。

酒井　そもそも売れません。だいたい、普通は、これほど克明に、ポルノ小説のように話すなんてことはありえないですよ。

菊池寛　（笑）ま、見てるわけはないわなあ。これは、まあ、俺《おれ》も言ったよ。これは、やっぱり、カメラかなんかで映像でも撮《と》っとかないといけねえだろう。おっしゃるとおりだ。それは、テレビの見すぎだ。

酒井　これは、そうとう、ポルノ小説の文才がある人ですよ。

菊池寛　これは、種村がね、小説じゃなくて、エッチビデオをだいぶ見てる証拠《しょうこ》だよ。それを見て、再現してたんじゃないか（笑）。
　これは、映像を見てないと書けないからね。

酒井　つまり、心のなかの世界を、自分で表現しているわけですよ。

菊池寛　これは、小説じゃなくて、エッチなビデオを、一生懸命《いっしょうけんめい》、集めて見てるからだろうな。奥さんに逃げられてるんだろう。だから、こんなもん、見てるに決まってるじゃないか。

酒井　だいたい、この人は、会ってもいない人と「面談しました」と言っています。

斎藤　そうです。ブログに、五十人以上の「妄想《もうそう》のカウンセリング」の内容をアップして、最初に「すべて本人の承諾《しょうだく》を得ています」と但《ただ》し書きがあるのですが、誰も承認はしていません。

酒井　本人から訴《うった》えられるとまずいので、イニシャルだけにしているのでしょう。

里村　そうですね。とにかく、「週刊文春」の記者さんには、そのことを何度も説明しています。

菊池寛　だから、〝種馬〟氏は、こういうのをね、やっぱり、やりたいわけよ。まあ、もう……（「週刊文春」のグラビアページをめくる）。

里村　そのグラビアページはどうでもいいんです。

菊池寛　「教祖は、こんなにいい思いをしてるのか」と思うと、もうムラムラきて、しょうがないわけよ。教祖になりたいわけよ。

7　財務省との「密約《みつやく》」の真相

幸福の科学の〝攻撃《こうげき》〟から首相と財務次官のクビを守っている

里村　もう一つ、先ほど、司会からも話が出ていたのですが、今回の記事の背景に財務省がかかわっていませんか。

菊池寛　うん？　あるよ。

里村　おお！

菊池寛　当たり前じゃないか。

里村　今回、いちおう、消費税増税路線が通りそうなので、「財務省事務次官の勝栄《かつえい》二郎《じろう》氏が〝平成《へいせい》の大獄《たいごく》〟を始めるつもりではないか」と私は思っているのです。安政《あんせい》ではなく、平成の大獄です。

菊池寛　だってさあ、そら、あの〝井伊直弼《いいなおすけ》〟の首を狙《ねら》ったんだろう？（注。勝栄二郎氏の過去世《かこぜ》は井伊直弼である。『財務省のスピリチュアル診断《しんだん》』〔幸福実現党刊〕参照）

だから、水戸浪士《みとろうし》と一緒《いっしょ》で、みんな処刑《しょけい》しなきゃいかんのや。あれ、十七人か？彦根《ひこね》が一人いたか。なあ、よく知らんが、彦根じゃない。ほかの藩《はん》も一人いたなあ（実際は薩摩藩《さつまはん》）。十六人だったか。水戸は十六かなあ。まあ、十七人ぐらいで、あんな赤備《あかぞな》え（武具を朱塗りにした部隊）のねえ、雄藩《ゆうはん》の彦根藩のあれに斬《き》り込《こ》んでね。あの井伊直弼っていうのは武勇で有名で、免許皆伝《めんきょかいでん》なんだよなあ。

里村　そのとおりです。

菊池寛　それが、雪の日に襲《おそ》われて、やられちゃった。映画にもなったんだろう。「十何人でやられちゃった」って、これは衝撃《しょうげき》だよなあ。日本中で侍《さむらい》の人数はいったい何人おると思ってるんだ。「十何人で、当時の総理大臣（大老《たいろう》）の首が取れるんだったら、何千人も動いたら、いったいどうなるか。幕府も倒《たお》せるかもしらん」という妄《もう》想《そう》が、そのとき起きてからなあ……。

里村　そうすると、今回は、現代の幕府側である財務省の……。

菊池寛　いや、だからね、わしはね、あの勝の、勝……、何？

酒井　栄二郎です。

菊池寛　財務次官と野田の首を、今回のあんたがたの攻撃で落とされないように守ってやらなきゃいかんわけよ。

里村　え！　野田首相と勝次官を守っているんですか。

菊池寛　そうしないと、〝水戸の浪士〟に襲われて、総理大臣の首が飛ぶようなことがあったら、革命が起きるじゃないか。

政府機関の一部と化している週刊誌マスコミ

酒井　「文春」としては、それによって、何かメリットはあるのですか。

菊池寛　俺《おれ》たちは、もうすでに、政府およびその機関の一つなんだよ。

酒井　まあ、そうでしょうね。

菊池寛　ああ、そうだよ。

酒井　小沢《おざわ》氏を狙ったのも、そうですね。

菊池寛　うん、俺たちは政府の機関の一部だ。

里村　国会で消費税増税法案の採決が近づいたときに、小沢元夫人の手紙をわざわざ出したのでしょう。

菊池寛　そうです。はいはい。やがて、あなたがたにも分かるだろうけれども、マスコミには、優遇《ゆうぐう》がちゃんと働くようになってるのさ。

酒井　そうですよね。これだけ強気にやってくるのはおかしいと思っていましたが……。

菊池寛　当ったり前さ。そらもう、免税の黙認《もくにん》があるに決まってるじゃないか。

里村　なるほど。そこでの密約《みっやく》ですか。

菊池寛　だから、「あんたがたが脱税《だつぜい》しても、二、三回は見逃《みのが》します」っていう約束があるに決まってるよ。

酒井　要するに、「日経新聞」、原監督《はらかんとく》の「読売新聞」、芸能界のトップ、小沢氏、そして幸福の科学。背後に何かなければ、普通《ふつう》は、こんな戦いを狙ってするのは無謀《むぼう》です。

菊池寛　うん、まあ、そうだろうなあ。勝も、クビにはなるのは分かってるけど、少なくとも、あんたがた（幸福の科学）にクビにされたかたちにはしたくないから、その前に、こうやって一撃を加えて、「大川隆法は相討ちにしておいてやる」ということだな。つまり、「私たち（財務省）のほうで〝刺客《しかく》〟（文春）を雇《やと》って（スクープを）狙わしてやるから、代わりに、あんたら（幸福の科学）に（勝が）直接刺されたかたちにならないようにしてくれ」ということだ。

今回の記事で、「幸福の科学がバラバラになると面白《おもしろ》い」

酒井　これによって、幸福の科学をどうしたいのですか。

菊池寛　「どうしたい」って、まあ、オウムみたいな騒《さわ》ぎにはならんだろうけれども、やっぱり、バラバラになったりすると面白《おもしろ》いやろな。

酒井　バラバラにしたいのでしょう？　さっき、あなたは、「世界宗教にしようとしている」などと言っていたではありませんか。

菊池寛　えっ、何が？

酒井　今回の記事のことです。「幸福の科学のためになる」と言っていたではありませんか。あなたは嘘《うそ》つきですね。

菊池寛　いや、それは……、「文春」が救世主としてだね。

酒井　いや、「救世主を立てる役」でしょう。地獄《じごく》に堕《お》ちるのでしょうけれども。

菊池寛　「文春」は「浄土真宗《じょうどしんしゅう》」なんだよ。だから……。

酒井　何だか話が変わってきましたね。

菊池寛　いやー、だから、仏陀《ぶっだ》の教えとは正反対でも、人は救えるんだよ。

酒井　いやいや、それは違《ちが》います。

里村　まさに地獄ですね。それは地獄の発想です。

酒井　あなたは、「イエス・キリストのような尊《とうと》い犠牲者《ぎせいしゃ》だけど、地獄に堕ちる」と言っていたではありませんか。

菊池寛　まあ、キリスト教っていうわけじゃなく、わしは、禅宗《ぜんしゅう》でも何でもいいんだけど……。

酒井　要するに、この記事の意図は「潰《つぶ》したい」ということですか。

菊池寛　いや、潰したいわけじゃないけど、君たちは……。

酒井　では、あなたは、『「週刊文春」とベルゼベフの熱すぎる関係』を見て、どう思いましたか。

菊池寛　その題はよくない。それは、週刊誌的すぎる。宗教が、そういう題をつくったら、もう、そら末期だよ。

酒井　あなたが天国の人間だったら、「それはそうだな」と思いますよ。なぜなら、悪魔ベルゼベフの影響《えいきょう》下にあるわけですから。

菊池寛　こういう題を付けたら、次は週刊誌を発刊する寸前だよ。これ、駄目《だめ》だよ。

酒井　その題でよいではありませんか。嘘を言っていて、正しくないわけですから。

菊池寛　ええ？　「熱すぎる関係」って、何よ、それ。

酒井　しかし、これは事実なのでしょう？

菊池寛　何か想像しちゃうじゃないか。

酒井　「事実」か「事実ではない」かを言ってください。

菊池寛　「熱すぎる」って、どういう意味よ。

酒井　では、「熱い関係」ですね。

里村　それは事実でしょうか。

菊池寛　焦熱《しょうねつ》地獄は熱いよ、それはね。

酒井　だから、事実なんですね。

菊池寛　何？　「熱すぎる関係」って、よく分かんないな。

酒井　「事実」か「事実ではない」か。

菊池寛　お金をもらってるんじゃ……。

酒井　事実でないのなら、否定すればよいではありませんか。

菊池寛　え？　「熱すぎる関係とは何か」を定義しろよ。

酒井　いや、「熱すぎる」という部分は、どうでもいいことです。ベルゼベフと関係が深いかどうかを訊《き》きたいのです。

菊池寛　そんな、外人（の名前）を言ったってね、日本の国民は知らないんだって。

里村　今の日本人は、名前をよく知っています。

菊池寛　これ、名前を変えたらいいのよ。だから、『「週刊文春」と親鸞《しんらん》の熱すぎる関係』とか書いたらいいよ。そしたら問題はない。一緒だ、一緒だ。

酒井　嘘をつかないでください。

霊界《れいかい》での勝《かつ》財務事務次官守護霊《しゅごれい》との関係

綾織　先ほどの財務省の話ですが、普段、誰《だれ》とそういう話をしているのですか。「財務省の意図を汲《く》んでやっている」というのは？

菊池寛　え？　情報を取らなきゃいけないからさ。それは、ちゃんと、役所担当の記者がいるわね。

里村　いやいや、この世の記者はそうですが、菊池先生は、財務省系の誰と話しているのですか。

菊池寛　まあ（笑）、俺が神様だからさ。

酒井　神様ではないでしょう？

菊池寛　雲の上から見てるんだよ。

酒井　この地上をよく徘徊《はいかい》していませんか。

菊池寛　いや、それはね、やっぱり取材っちゅうのは大事だからさ。まあ、やっぱり取材してないと、インスピレーションを降ろせないじゃないか。

酒井　政治家や官僚《かんりょう》で、誰か、地上に一緒に来ている人はいませんか。

菊池寛　え？

酒井　地上で。

菊池寛　いやあ、各社、競争してますよ、みんな。

酒井　いやいや、政治家や官僚で、あなたが付き合っている人はいませんか。

菊池寛　私、死んでるのよ。自覚あるよ。で、何？

酒井　官僚や政治系に詳《くわ》しい人はいますか。

菊池寛　「死んでいる人で、官僚や政治系に詳しい人」って、そりゃ、〝同業者〟は、みな詳しいよ。

酒井　政治系では、いませんか。

菊池寛　うん、どういうこと？　「政治家の仲間がいるか」ということか。

酒井　そうです。

菊池寛　そら、やっぱり、基本的には、政治家はマスコミと友達にならないよ。

綾織　勝《かつ》次官の守護霊《しゅごれい》とは話をされますか。

菊池寛　うーん、まあ、「勝の守護霊と話をするか」と言っても、偉《えら》い人なんじゃないの？　何だか、とっても威張《いば》って。

里村　話をそらしますねえ。

酒井　それでは、あなたは、今、地上に生まれてはいませんね。

菊池寛　生まれてないよ。うん。

8　菊池寛の「過去世《かこぜ》」と「現在の境遇《きょうぐう》」

「過去世《かこぜ》」は天上界《てんじょうかい》に還《かえ》らないと分からない

酒井　そうすると、あなたは、菊池寛として生まれる前、なんという名前でしたか。どこに生まれていましたか。何をされた方ですか。有名な方ですよね。

菊池寛　いやあ、それねえ、天上界《てんじょうかい》に還《かえ》らないと分かんないんだよ。

酒井　ああ、あなたは天上界に還っていないわけですね。

菊池寛　「生まれ変わり」っていうのは分かんねえんだよ。

里村　もう、はっきり言いましたね。「天上界に還っていない」とね。

菊池寛　分からねえんだよ。

酒井　あなた、死んだことは分かっているのですか。

菊池寛　いや、死んだのは知ってるよ。そらまあ、何だか最近だよなあ。

里村　最近と言っても、一九四八年ですが。

菊池寛　うん、こちらに還って五、六十年だなあ。半世紀ぐらいだよ。君、このぐらいは普通《ふつう》じゃないか。普通、週刊誌に入ったら、もう最低でも、百年ぐらいの地獄《じごく》は覚悟《かくご》しなきゃ。

酒井　そうすると、今は「百年の地獄」の最中《さいちゅう》ですか。

菊池寛　ええ？　百年では済まんだろうなあ、ハハハハ。

酒井　百年では済まない？

菊池寛　うん、たぶん。

酒井　今回、こんな記事を書いてしまったので、さらに地獄にいる期間が長くなりますよ。

菊池寛　まあ、こんなのは序の口で、毎週やってるからな。

酒井　序の口ですか。

菊池寛　あのねえ、彼らはもう麻痺《まひ》してるんだ。分からないんだよ。

酒井　それでは、あなたは、まだ〝連載《れんさい》中〟で、今後も当会関連の記事を小出しにしていくつもりなのでしょうか。

菊池寛　こんなの、毎週書いてたらねえ、もう、（三回、手を叩《たた》く）蚊《か》を潰《つぶ》したぐらいのもんしか……。

酒井　「やっていい対象」と「やってはいけない対象」があるんですよ。

菊池寛　蚊、蚊を潰して……。いやあ、だからねえ、新しい宗教っていうのは、信用がないんだから、何をしたって構わないのよ。

酒井　構わないわけですね。

里村　それが、どんどん信用ができてきているんですよ。

菊池寛が「親鸞《しんらん》」にこだわる理由とは

菊池寛　親鸞《しんらん》だって、親鸞の同時代には、信用なんて全然なくて、流罪《るざい》にされてるからな。世間《せけん》から批判され……。

里村　なぜ、そんなに親鸞の話題ばかりを出すのですか。

菊池寛　いやあ、仲間なんだよ。

里村　え？

酒井　嘘《うそ》をつかないでください。

斎藤　違《ちが》います。それは、とんでもないことです。

里村　親鸞の仲間ではないでしょう。

酒井　親鸞は天上界に還っています。

菊池寛　いや、親鸞系はですねえ、色情《しきじょう》なんですよ。

酒井　いやあ、分かりました。

里村　むしろ、親鸞を追放した側の人ではないのですか。

菊池寛　ええ？

酒井　あるいは、親鸞の教えを学び、善悪が分からなくなって、流れていったほうでしょう？

菊池寛　うーん、いやあ、まあ……。

酒井　解釈《かいしゃく》を間違いましたね。

菊池寛　いやねえ、ほんとなら、こんなもん、どうでもいいんだよ。だからさあ、俺《おれ》は「人間は霊《れい》だ」っちゅうことぐらいは知ってるんだよ。「人間は霊だ」って思ってるから、こんな、この世的なことなんか、ほんとはどうでもいいんだけどさあ、要するに、おまんまを食っていかなきゃいけないわけだからさあ。

酒井　あなたは、食べなくても大丈夫《だいじょうぶ》なはずですよ。

菊池寛　ええ？　みんなが関心を持つことをやらなきゃいけないわけよ。

酒井　あなたにとって、「この世の繁栄《はんえい》」は、もうどうでもよいことではありませんか。

菊池寛　ええ？　あの世の話なんか書いたって、みんな、関心ないのよ。それは死んでからあとに用があるわけであってな。

「悪を叩《たた》き潰《つぶ》せば地獄《じごく》から出られる」という誤解

酒井　あなたにも、まだこの世に執着《しゅうちゃく》がありますね。「文春」のことですか。

菊池寛　ええ？　うーん、執着としてはだねえ、まあ、私は東大を出たかったねえ。

里村　しかし、東大を出られなかった。

菊池寛　東大を出たかったのと、ベストセラーの可能性としては、「もっとこんなに書けるもんだ」っていうことを、やっぱり実証してみたかったなあ（舌打ち）。

里村　おそらく、本当に悔《くや》しいのは、今、あなたの作品が書店にほとんど並んでいないことでしょう?

菊池寛　もう忘れてきたよ。

里村　忘れられていますものねえ。

菊池寛　でも、まあ、入試とかに出るんじゃないの?　たまにはなあ。

酒井　ただ、「東大を出て、ベストセラーを出して」というのは、要するに、大川隆法総裁そのものですよ。

菊池寛　うーん、事業家能力に対して、ちょっと関心はあるからなあ（舌打ち）。

酒井　そうすると、あなたのこの世の執着としては、「『週刊文春』と文藝春秋社《ぶんげいしゅんじゅう》を、もっと大きくしたい。潰《つぶ》れさせたくはない」ということですね。

菊池寛　まあ、大きくなればなるほど、俺の名前も大きくはなるわなあ。

酒井　「尊敬を集めれば、偉《えら》くなって地獄《じごく》から出られる」と思っているのですか。

菊池寛　うーん、出る方法が分からないんだよ。出る方法が分かんないんだけども、とにかく、悪を叩《たた》き潰せば善行《ぜんこう》を行ったことになるから、上がっていくんだよ。

酒井　では、幸福の科学は「悪」ですか。

菊池寛　まあ、「悪」と思われるところを叩けば、善行に当たるだろうな。

酒井　いや、悪かどうかは分からないわけでしょう。

菊池寛　いやあ、そら、全部については、なかなか分からないさあ。

酒井　だいたい、あなたは、「悪かどうかは関係ない」と言っていたではないですか。

菊池寛　もう、本を全部読んでるわけねえから。

酒井　善も悪もないわけですね。

斎藤　マスコミ関係霊の霊言《れいげん》では、「白を灰色に、灰色を黒に。すべて、白を黒にできる」と、そのようにも言っていますよ（『「週刊新潮」に巣くう悪魔《あくま》の研究』〔幸福の科学出版刊〕参照）。

菊池寛　うーん、その霊人は、ずいぶん頭がいいわ。どこを出たんだろう。

里村　あなたが地獄から出るのは簡単なことです。おそらく、文藝春秋社がなくなれば、ダーッと上がっていきます。

菊池寛　いや、そんなのさ、そんな……。

酒井　こんな悪霊《あくれい》記事をたくさん書いていたら、そのうち、あなたは、もっと下の世界へ堕《お》ちますよ。

里村　霊界における〝隔離《かくり》対象〟になりますよ。

菊池寛　いやあ、だからねえ……。

斎藤　これはもう、ある意味で「思想犯」ですね。
菊池寛　まあ、君たち、いやあ……。
酒井　この霊言が後世《こうせい》に遺《のこ》ったとき、あなたの名前は、「本当に恥《は》ずかしい名前」の一つになりますよ。
菊池寛　いやあ、そんなことはない。本当はねえ、君たちは、今、勘違《かんちが》いをしてるんだよ。同時代に生きてるから、そんなふうに思うんであって、これはもう、イエスを試《こころ》みる「神の試み」とそっくりなんだよ。
斎藤　それでは、まるで悪魔ではないですか。
里村　それは悪魔ですよ。
菊池寛　ええ?
斎藤　その信仰《しんこう》形態は悪魔です。

里村　（笑）イエスを試みたのは悪魔ですよ。

酒井　このままでは、「イエスを試みた悪魔」として、あの世から話しかけていた者の一人のようになりますよ。

いつの時代も、嫉妬《しっと》のあるところ〝週刊誌〟は必ず存在する

菊池寛　だからねえ、要するに、あんたがた、「奇跡《きせき》を起こしている団体」にいたって、疑ってる人は大勢いるわけだけど、黙《だま》ってるわけよ。

まあ、そういうのを集約して、何かに出さなきゃいけないわけでさあ。どこかから出てこなきゃいけないわけだ。

里村　何をおっしゃいますか。奇跡は否定できないからでしょう？

菊池寛　いやいや、「証拠《しょうこ》がない」と言えないわけじゃないからさあ。

里村　「大勢の人が同時に奇跡を見る」ということも起きています。

菊池寛　それはもう、ほんとは警察が動かなきゃいけないようなことだけど、もう、教団が大きくなってるから、警察も動けないでいるんだな。

綾織　週刊誌にいる人は、けっこう、イエス様の時代にも生まれているようですが、あなたもいらっしゃいましたか。

菊池寛　いやあ、〝週刊誌〟っていうのはねえ、偉い人が出るときには必ずいるんですよ。

里村　なるほど。

菊池寛　やっぱりねえ、「嫉妬《しっと》」のあるところに、週刊誌は必ず存在するんだよ。

酒井　そうすると、あなたは、救世主と一緒《いっしょ》の時代に生まれたことが多いわけですね。

菊池寛　まあ、救世主でなくても、救世主より格下でも、ある程度の名前を上げたような人がいるようなところには、まあ……。

酒井　ソクラテス様とか？

菊池寛　そんな偉い人ばかり出すんでねえよ。だから……。

綾織　これまでに誰《だれ》を葬《ほうむ》ってきましたか。

菊池寛　ここ（「週刊文春」）に出てる政治家なんかでも、あと二十年もしたら、もう、みんな忘れられる人ばっかりなんだからさあ。

里村　なるほど。もっと偉い人たちですね。

菊池寛　ええ？

綾織　今まで、〝活躍《かつやく》〟されてきたと思うのですが、どういう人を葬ってきましたか。

菊池寛　葬ってきた？

綾織　はい。

菊池寛　いやあ、「葬ってきた」よりも、「世に出した」ほうが多いなあ。

綾織　そういうときもあるかもしれませんけれども。
斎藤　そういう抵抗《ていこう》勢力がバネになって偉くなった人といいますか。
里村　「葬る」というのは、この方の場合、「世に出した」という言い方になりますからね。
酒井　つまり、「叩くことによって、世に出した」ということです。
斎藤　そういう人は、どれほどいるのですか。
菊池寛　あんた、イエスなんちゅうのは、あれでしょう？　何だ？「休みの日に、盲《めくら》の人の目を治した」っていうだけで、罪に問われてるんだろう。それに比べれば、こんなもん、君ねえ、もう、蚊《か》が刺《さ》したようなものじゃないか。ええ？
里村　それはいったい、どういう論理なんですか。
菊池寛　休日にさあ、「目の見えない人を見えるようにした」なんて、こんなの、誰が見たって、いいことじゃない？

酒井　いいことですよ。
菊池寛　それを罪に問うた人が多数派だったわけだからさあ。それが許されるんだったらさあ。
酒井　それは間違っているのです。
菊池寛　ええ？　もっともっと、あの……。
酒井　いや、それが許されなかったのです。
菊池寛　ええ？　当時は許された。それで、そっちが勝ったんだよ。
酒井　ええ？
菊池寛　そっちが勝って、処刑《しょけい》できたんだからさあ。うん、だから……。
里村　それは、完全に律法《りっぽう》学者のほうですね。
斎藤　全部、基準がそちらですね。

菊池寛　いや、週刊誌としての最大の勲章《くんしょう》はだな、まあ、うちだけの力では無理かとは思うが、他誌も力を合わせて、追及《ついきゅう》して、そして……。

里村　そうすると、やはり律法学者系ですか。

菊池寛　こうしてだねえ、幸福の科学をカルト宗教にして、脱税《だつぜい》調査や、さまざまな犯罪調査に入らして、解体して、宗教法人格を取り去って、宗教法人にも税金をかけて、否定して、もうバラバラにして、そして、増税して、国家を安定にするみたいなところまでやったら、大勲章だな。

里村　当時、権力側についていた律法学者たちと同じですね。

菊池寛　いや、権力についてるわけではないんだけども、やっぱり、こういう出版社が長年生き延びるというのは、そういう高等な遊泳術を持っていなければ無理だよ。

酒井　すでにあなたは亡《な》くなっているわけですから、「文春」が間違ったものを垂れ流すのを、もうやめさせたらよいのではありませんか。

菊池寛　そう言ったって、「文春」の神だからね。

酒井　いや、神というより、やはり、あなたは「文春」の悪魔ですよ。

菊池寛　そんなの、野間佐和子《のまさわこ》に言ってくれよ。俺に言うんじゃないよ。

里村　それは分かりませんよ。失礼かもしれない。

菊池寛　あなたねえ、週刊誌の仕事っていうのは、悪魔の仕事と変わらないよ。

里村　だから、週刊誌は「悪魔の書」などとも言われるのです。

菊池寛「猜疑心《さいぎしん》」が原動力なんでしょう？「猜疑心」と「嫉妬心」でしょう。

酒井　そんなものは、この世からなくなったほうがよいのではありませんか。

菊池寛　いやー、これはね、人間が生き続けるかぎり、存在する職業なんだよ。これが科学観で、君たちの嘘、インチキ、偽《にせ》科学とは違ってね、これは事実なんだ。

綾織　私たちは、偽科学ではありません。

菊池寛　あのね、医者が、科学として、病巣《びょうそう》を発見して摘出《てきしゅつ》するのと同じように、人間の持ってる、「心のなかの闇《やみ》」を摘出してるんだよ。まあ、これは〝医者〟なんだ。

週刊誌の仕事の原理は「ゆすりたかり」

酒井　（里村に）最後に何か一言ありますか。

里村　今回、あなたがたは、嘘八百の記事を出して、恬《てん》として恥じていません。もう一度訊《き》きますが、幸福の科学が倒《たお》れるまで、それをやっていこうとお思いですか。

菊池寛　いや、だから、俺はね、幸福の科学を、もう尊敬してるんだよ。

里村　もう、いいです。それは最初からおっしゃっていましたので。

菊池寛　もう、池田大作《いけだだいさく》と創価学会《そうかがっかい》を超《こ》えてもらいたいと思ってる。エールを送ってるんだ。

里村　では、もう一つお訊きします。現編集長に対して、「菊池社長のその思いを非常によく受け止めている」と評価されますか。

菊池寛　うーん、まあ、麻雀《マージャン》連盟の総裁はしてないかなあ。

里村　いや、麻雀連盟のことはいいんです。現編集長は頑張《がんば》っている？

菊池寛　うーん。いやねえ、だから、まあ、俺たちも、ちょっと倫理違反《りんりいはん》があるとは思うよ。

里村　ありますよ。もう、大ありです。

菊池寛　人の裏側を暴《あば》く以上、俺たちも、清廉潔白《せいれんけっぱく》でなきゃいけないよな。これはなあ、汚《けが》れた手、ああ、なんて言うんだ？「クリーンハンドの原則」っていうんだな。「汚《よご》れた手でもって、人を裁いちゃいけない」っていうやつだろう。だから、俺たちも、汚れた手でなく、そういう清廉潔白な聖人《せいじん》であることを証明した上で、人の悪を暴かなきゃいけない。

だから、種村《たねむら》がこう言うんだったら、〝種村聖人〟は潔白か、清廉潔白かどうか。

これはねえ、やっぱりちゃんとやらなきゃ、ほんとはいけないでしょうな。

里村　それでは、最後に申し上げますが、今回、あなたがたは、「クリーンハンドの原則」とはまったく逆のブラックメール（恐喝《きょうかつ》）、つまり、「ゆすりたかりの片棒を担《かつ》いだ」ということだけは、しっかりと覚えておいてください。

菊池寛　まあ、週刊誌は、基本的には、ゆすりたかりを仕事の原理にしてるし、政治家とかは、ゆすりたかりをしてもらって、悪い記事を書かれても、それで有名になれば、やっぱり、後援者《こうえん》や後援会が守ってくれるからね。あんたがただって信者がいるんだからさあ。信者に守ってもらえ。

里村　もう御託《ごたく》は結構です。

なかなか「あの世」に帰ろうとしない菊池寛

酒井　それでは以上とさせていただきます。ありがとうございました。

菊池寛　なんだよ。君ら、なんにもまともな質問をしないじゃないか。ええ？

里村　いえいえいえ。

酒井　まともな質問をしました。

菊池寛　もうちょっと、ちゃんとした質問をしなさいよ。

里村　ずいぶん、いろいろとお訊きしました。

酒井　もう分かりました。

菊池寛　なんで、なんで、なんで、なんでよ。

酒井　本質が分かれば、それで結構です。本日は、お帰りください。

里村　はい。ありがとうございました。

酒井　どうも、ありがとうございました。

菊池寛　こんな、いいことを書いてあるのに……（「週刊文春」のページをめくる）。

酒井　いやいや、もう、お帰りください。

菊池寛　「日経新聞の社長が、マンションから、美人デスクと出てくる」。これは社会悪の追及だ。ええ？

酒井　そんなものは「文春」のデスクにでも行って見てください。今は結構ですから、もうお帰りください。

菊池寛　会員各位には、ちゃんと、「7月19日号で、定価三百八十円だから、このぐらいのお金を惜《お》しまずに、全員購入《こうにゅう》するように」と情報を流しとくんだよ。

酒井　いや、そんな毒など誰も買いません。

里村　どういう意図があったかだけは、きちんと伝えさせていただきます。ありがとうございました。

菊池寛　君らねえ、「出版社の社長が地獄にいる」っていうのを、謙虚《けんきょ》な言葉として受け止められない？　そういうところがあるから、万人《ばんにん》の心が分からないんだなあ。

里村　素直に受け止めさせていただきます。

菊池寛　「天国に行っとる」と思う人が地獄に行っていて、「地獄に行ってる」と思う人が天国に行ってるんだ。

酒井　いやいや、結構です。あなたの発言で、みな分かりますから。ありがとうございました。

里村　はい。それではお帰りください。

菊池寛　くそー！　俺だって女の百人ぐらいは抱《だ》いてるわ。こう言ってやりゃあよかったかい？

里村　分かりました。

酒井　勝手に自慢《じまん》してください。どうもありがとうございました。

里村　本音を頂きました。ありがとうございました。

菊池寛　ええ？　何だか面白《おもしろ》くねえなあ！
酒井　面白くなくて結構です。ありがとうございました。
菊池寛　もっと暴れろよ。なんか、悪いことを、いっぱい、しろよお！
酒井　しませんから。
里村　暴れているのはあなたです。
菊池寛　面白くねえやあ！
酒井　あなた、そんなことをしていたら、本当に文藝春秋が潰れますよ。
里村　暴れているのは、あなたですから。
菊池寛　だから、首相官邸《かんてい》を取り囲むのは、一般《いっぱん》市民であってはいけないんだよ。幸福の科学の信者でなきゃいけないんだよ。突入《とつにゅう》しろよ、突入を！
酒井　はい。もう、時間切れでございます。

里村　お帰りください。

酒井　ありがとうございました。

菊池寛　（舌打ち）くそおー！　面白くねえ！

大川隆法　（菊池寛に）はい、それでは、ありがとうございました。

酒井・里村　ありがとうございました。

9　菊池寛との対話を終えて

全部を地獄《じごく》に引きずり込《こ》もうとしているマスコミ

大川隆法　最初は、「この人は天国に行っているのかな」と思いましたが、最後のほうでは、「週刊文春」の前編集長の守護霊《しゅごれい》などと同じような感じになってきました。

酒井　そうですね。

大川隆法　「何なんだ、これは」という思いがします。

里村　ええ。

大川隆法　マスコミの本質は、こんなものなのでしょうか。

マスコミの歴史は百年ぐらいしかありません。新聞を入れても、百数十年から、せいぜい二百年ぐらいでしょう。

最初は事件を伝えるだけだったのですが、今では、どこも、みな、生きていくための過当競争をしていて、「スクープ」「捏造《ねつぞう》」「追い落とし」をやっています。過当競争のなかで食べていくのは大変なのでしょう。

スクープ合戦《がっせん》などには、確かに馬の競走のような面があるのかもしれません。競馬《けいば》で他の馬を抜《ぬ》いたり、麻雀《マージャン》で勝ったりすることは、実は、同業他社に勝つことと似ており、「よし、勝負！」と思って戦うことは博打《ばくち》と関係があるかもしれないのです。

博打で、お互《たが》いに駆《か》け引きをし、ブラフ（はったり）をかけたりしながら、ほかの人に勝っていくことと、ジャーナリズムとは、やや似ているのかもしれないと思います。

斎藤　そうですね。ジャーナリズムは賭《か》け事に似ています。

里村　確かに似ていると思います。

大川隆法　麻雀や競馬に実に似ているのではないでしょうか。「生き馬の目を抜く世界」とよく言いますが、それに似ているかもしれません。

里村　麻雀の勝ち負けは、「どんな牌《パイ》をつかむか」ということ次第《しだい》ですから。

大川隆法　私は、昔、商社に勤めていたころ、「裁判官が商社マンになったような存在だ」と言われ、笑われていたような堅物《かたぶつ》なので、週刊誌としては、あまり面白《おもしろ》い記事が書けなくて残念だろうと思います。もう少し記事のネタを提供してあげないといけないのでしょうか。公人というものは、やはり、毎週、何か事件を起こし、記事の材料を提供しなくてはならず、そうでないと面白くないのでしょう。

酒井　彼らは、もう、滅《ほろ》びの道に至っており、〝関ヶ原の戦い〟の直前でしょうから……。

大川隆法　そうですね。

酒井　断末魔《だんまつま》の状態にあり、「もう何でも書いてやる」ということだと思います。

大川隆法　パンダが子供を産んでくれただけでも、ありがたいのでしょう。

斎藤　菊池寛は「松本清張《まつもとせいちょう》と仲がよい」と言っていました。松本清張は、殺人をテーマにして、それをずっと研究しておりましたし、菊池寛は、欲望や疑惑《ぎわく》、騙《だま》しなどが非常に好きなようです。

大川隆法　そうですね。当会に殺人がないのがマスコミには物足りないのでしょうか。オウム教は、それをやっていましたからね。確かに、菊池寛は、「幸福の科学は、殺人をしないので、面白くない」というようなことを言っていました。「宗教なら、そこまでやれ」ということでしょうか。

しかし、そのくらい相手が悪くないと、マスコミは正義の立場には立てないのでしょう。もっと悪いものがいれば、自分たちが正義になりますからね。

里村　ああ、なるほど。

斎藤　そうすると、「悪いやつがいて、これだけ悪いことをやっているんだから、それを攻撃《こうげき》してもよいのだ」という論理ができてきます。

大川隆法　警察だって、空《から》出張をしたり麻雀をしたりするかもしれませんが、非番のときには、いろいろと悪さをしていても、公務執行《しっこう》中には、まともなふりをしているようなところがあります。週刊誌には、そういうことを暴《あば》いて楽しんでいるようなところがあるかもしれませんが、「自分は隠《かく》れていて相手を弾《たま》で撃《う》つ」というのはスナイパーですよね。

里村　はい。

大川隆法　新潮もそうですが、スナイパーです。覆面《ふくめん》をし、ビルの屋上から狙《ねら》って撃つ。週刊誌は、このスナイパー型ですね。シリアのような紛争《ふんそう》地帯では、それがあってもよいのかもしれませんが、平和な国では、「スナイパーがメジャーを占《し》める」というのは、あまりよろしいことではありませんね。

里村　そうですね。

大川隆法　物事の上下や聖なるものなどについて、マスコミは、もう分からなくなっており、「全部を泥《どろ》んこにするのが正義」というか、結局、全部を地獄《じごく》に引きずり込《こ》みに入っているのでしょう。

里村　ですから、聖なる権威《けんい》というものを、しっかりと確立できるように、頑張《がんば》ってまいりたいと思います。

大川隆法　彼らは、こういう記事によって当会を有名にしてやっているつもりでおり、バーター（交換《こうかん》）でプラス・マイナス・ゼロと見ているようです。

里村　とんでもないことです。

大川隆法　文春側は、こちらが菊池寛の霊言を出してくるとは思っていないでしょうから、「菊池寛の霊言」が公開されるのを、楽しみにして、お待ちくださったら、よろしいかもしれません。ほかのところも同じですからね（笑）。

「白を灰色に、灰色を黒に」というのが基本的な手法

斎藤　今回の「週刊文春」の記事は、「まったくの捏造である」というところが一つ

のポイントです。
以前も、「フォーカス」誌が、大川総裁の練馬《ねりま》のご自宅について、「屋敷《やしき》の入り口の所に噴水《ふんすい》がある」と明確に書いていましたが、実際には噴水はありませんでした。

大川隆法　ああ。あれもひどい。

斎藤　百パーセントないものを、百パーセントあるように書いていました。しかし、いくら見ても、目の前にないわけです。

大川隆法　あれはひどかったですね。
あの家は、当会について、よく嘘《うそ》の証言をしている、元職員の関谷《せきや》が借りてきた物件です。私が全然知らないうちに、「自分は総務の人間だから」と言って、彼が勝手に契約《けいやく》した物件で、当時、そこに私は住んでいたのです。
それを、アイチだったか、「倒産《とうさん》した会社か何かの所有だった」という、私が全然知らないことを、「フォーカス」が追及《ついきゅう》しようとしていましたね。

酒井　通常、そういうことまで住人は知りませんから。

斎藤　以前、ある週刊誌は、大川総裁について、「銀座のクラブで豪遊《ごうゆう》した」とか、「高額の絵を買った」とか、百パーセントないことを、百パーセントあるように書いていました。

大川隆法　うちにはコピーの絵しかなくて申し訳ありません。まだ、そこまでの余力がないので、「そういうことは晩年の楽しみとして取っておきたい」と思っています。まだ、「何百分の何十番」という番号の書いてあるリトグラフがあるぐらいです。

里村　とにかく、こうしたでたらめな記事を載《の》せるマスコミには、今後、しっかりと対応してまいります。はい。

大川隆法　いやあ、せっかく書いてくれたので、何か〝性の儀式《ぎしき》〟を始めようかな（笑）。

斎藤　（苦笑）いえいえ。とんでもございません。

大川隆法　私は〝性の儀式のグランドマスター〟ということで、セミナーでもしたら、けっこう人が来て、収入になるんじゃないですか。

里村　いえいえ。とんでもございません。

大川隆法　まずは、「文春」に招待状を出し、彼らに経験していただいて……。

酒井　いやいや、そこまでされなくても結構です。

里村　はい。しっかりと彼らの悪事を止《と》めてまいります。

大川隆法　いやあ、週刊誌も、なかなか〝大したもの〟です。「言葉で商売をする」というのは大変ですね。

斎藤　「白を灰色に、灰色を黒に」というかたちで、白から黒にすることにおいては〝天才的〟です。

大川隆法　書き方を逆にすれば、それができるわけです。

そして、「少数の人が言うと、ニュース価値があるように見える」というところがあります。

やはり〝増税国会〟の政局と絡《から》んでいた今回の記事

大川隆法　でも、今回の記事は〝増税国会〟の政局と絡《から》んでいますね。

今の国会で議論されている消費税の増税に、はっきりと反対しているのは、小沢《おざわ》氏のグループと当会です。当会は、それにずっと反対してきました。

大阪《おおさか》の橋下《はしもと》氏は、消費税の増税には反対かもしれませんが、「地方税をよこせ」と主張しているので、何とも言えない微妙《びみょう》なあたりを走っています。

当会は一貫《いっかん》して反対しており、日銀総裁や財務次官、それから、財務大臣と総理大臣を真っ向から批判しました。そのため、向こうから、「誌面で何かを言ってくれ」という依頼《いらい》が週刊誌側に多少はあっても、おかしくはありません。

当会が行ったようなことは、週刊誌がやりたくても、実はできないというか、週刊誌が同じような批判をしても、信用性があまりないのです。最近、「勝《かつ》次官がマンションに引っ越《こ》した」という記事が出ていたぐらいですね。

私には財務省の政策などを批判できる資格はあるでしょう。今、財務省で政策をつくっているのは、実質上、私の大学の同級生たちであることは、もう分かっているのですが、上司のクビを護《まも》るのも彼らの仕事なのかもしれません。

ただ、渡部昇一《わたなべしょういち》氏は、ラジオの番組で幸福実現党の立木《ついき》党首と対談し、「増税に命を懸《か》ける政治家は勘弁《かんべん》してほしい」と言っていたようです。

斎藤　（笑）

大川隆法　そういう見方はありえます。国民にとって、増税は死刑《しけい》の次に嫌《いや》なものなのです。増税に反対するために、「マグナ・カルタ（大憲章《だいけんしょう》）」や民主主義は存在しているわけです。権力者が好き放題に増税できるのでは、国民は、たまったものではありません。

酒井　確かに、たまったものではないですね。

大川隆法　それに反対する者は刑務所にぶち込むんでしょう？　捕《つか》まえて刑務所に入れ、そのあと死刑にできるんでしょう？　これに対抗《たいこう》するために、民主主義を採用し、選挙で政治家を選んでいるわけですから、「増税に賛成するマスコミ」というのは……。

酒井　ありえません。

大川隆法　やはり、「政府からお金をもらっている」としか思えません。

里村　そうですね。

大川隆法　明らかに対策費か何かが出ているのではないでしょうか。

酒井　そうですね。

大川隆法　あるいは、マスコミは税金を安くしてもらえるのかもしれません。

それとも、マスコミの過去の脱税《だつぜい》について、「これだけある」と調べがついており、マスコミは国税庁か何かに弱みを握《にぎ》られていて、「これを表に出さないようにしてやる」というようなことを言われているのかもしれません。

そうなると、酒の席などで、一言《ひとこと》、「最近、ある宗教が、うちをやたらと攻撃しているんだよな。あれ、どうにかならないかなあ」と言えば、済みます。「何発か撃ってくれると、そのたびに脱税を一個分ずつ消していってやる」と言うぐらいのことは、できなくはないでしょう。

そのへんで政府とマスコミとは組んでいると思われます。だから、「民意から離《はな》れてマスコミが存在できるかどうか」ということを、文明実験として見させていただきたいと思います。

里村　はい。そうですね。

「祝福」を説く幸福の科学、「嫉妬《しっと》」を誘《さそ》う週刊誌

大川隆法　あと、当会は、もう少し嫉妬《しっと》の研究をしたほうがいいかもしれません。当会は「祝福」を説き、週刊誌は「嫉妬」を言いますが、どちらを選ぶか。それは、やはり国民に決めてもらわなければいけませんけどね。

里村　はい。

大川隆法　そして、申し訳ございませんが、私は、女性の好き嫌いがわりにはっきり

していますね。犬とは違《ちが》って、「何でもいい」というわけではないんです。人類愛としては、すべての人を愛するように努力していますが、個人としては審美眼《しんびがん》にけっこう長《た》けていて、何でもいいわけではありません。そのへんを分かっていただければ幸いです。

それと、もう一つ、「悪妻《あくさい》から逃《のが》れる」という幸福論もまだ存在することを、知っておいてもらわないといけないかもしれません。

このへんについては、知っていても、何も言っていない人たちがいますよね。

里村　はい。

大川隆法　今は、「追放した人（大川きょう子）」と「追放された人（種村《たねむら》）（関谷《せきや》）」とが手を組んで、幸福の科学の悪口を言っているような状況《じょうきょう》です。こういう、ありえないような現象が起きています。かつては、お互いに敵同士であった、「追い出した人たち」と「追い出された人たち」とが、今、手を組み、何かをしているわけですが、こんなことがあるんですね。

酒井　そうですね。普通《ふつう》は相手に恨《うら》みを持ちますから。

大川隆法　また、種村氏にしても、私が仏陀《ぶっだ》であることを否定し、「偽《にせ》仏陀だ」と言うのは結構ですが、彼は、その〝偽仏陀〟に言われたとして、「仏陀の一番弟子《でし》」を名乗り、それを疑いもしていないわけです。これでは、「頭がおかしい」と言わざるをえません。私を否定したら、結局、自分まで否定されることになるのではありませんか。

里村　ええ。

大川隆法　本当に、そう思います。しかし、彼は、自分については全然疑っていないわけです。こういう「自己中」の人間が、私にはよく分からないのです。

酒井　はい。

大川隆法　普通は「おかしい」と思うはずです。ありえません。だから、彼が嘘を書いているのは明らかです。また、記事には書いてありましたが、大川きょう子についても、私が他の人たちの前で彼女の肩《かた》を抱《だ》いてみせるなんて（笑）、こんなことは絶対に一度もなかったことです。

里村　（笑）

大川隆法　絶対にありえないことを、見てきたように書いています。この人は、もう、完璧《かんぺき》に妄想《もうそう》の世界に入っています。

酒井・里村　はい。

大川隆法　頭で思うと、すべてが、その景色に見えるのではないでしょうか。

里村　はい。

「文春の死」は近づいているのか

大川隆法　ああ。こんな人を相手にしなくてはならず、申し訳ないですね。

でも、当会は嫉妬されているようですから、嫉妬されない世界まで行かなくてはいけません。
おそらく、こういう雑誌というか、マスコミには、「俺《おれ》たちのほうが先輩《せんぱい》で、格上なのだ」というような意地があり、当会の「ザ・リバティ」あたりの後発雑誌に偉《えら》そうに言われたくなくて、「こちらのほうが部数は多いんだぞ」と言いたいのだと思います。しかし、部数が多いのは、読者に迎合《げいごう》するようなことばかり書くからでしょうね。でも、悔《くや》しいのでしょう。

酒井　そうですね。内容がもう写真週刊誌のようになってきましたから。

大川隆法　「当会が『フォーカス』の廃刊《はいかん》を目指していたら、そのとおりになった」ということをばらしたので（『徹底霊査「週刊新潮」編集長・悪魔の放射汚染《おせん》』参照）、「やりおったなあ」と思って、週刊誌同士がお互いに連携《れんけい》しているかもしれません。

酒井　しかし、その手法を使っていくと、滅びるのは歴史の法則というか……。

大川隆法　それでは、「文春」から、やはり、良識ある読者が離れていくでしょうし、それは、きっと「文春の死」を意味するでしょう。もっと低いレベルの三流雑誌は数多くありますが、その仲間に入っていくことになるわけですから。

酒井　そうですね。文春の本来の強みが全部なくなってしまいます。

大川隆法　そうすると、「入社する人のレベルも落ち、さらにまた悪くなる」という悪循環《あくじゅんかん》が始まるのでしょう。

酒井　はい。今は、インターネットなどが出てきたので、残念ながら、マスコミも、もう……。

大川隆法　それは終わりに近いでしょう。ネットなどには、〝ただ〟で情報が提供されていますからね。〝ただ〟には勝てないので、有料でやるには、やはり内容がなければなりません。

酒井　そうですね。

大川隆法　ところが、その内容が「こんなもの」では駄目《だめ》ですね。

こういう覗《のぞ》き趣味《しゅみ》のようなものであれば、ほかにも、たくさん媒体《ばいたい》があります。覗き型のものは、ほかにも有料で数多くあるでしょう。だから、活字では面白くないでしょうね。

マスコミは、今、「パブリックフィギュアというか、公人になっている人を撃ち落とすことが正義なのだ」という考え方で、何とか、もっているわけです。そんなところでしょうか。

酒井　そうですね。

大川隆法　ええ。

酒井　はい。では、以上とさせていただきます。

里村　しっかりと頑張ってまいります。

大川隆法　はい。ご苦労さまでした。

一同　ありがとうございました。

あとがき

商業雑誌の未来は厳しいのかと思うが、一定の節度は守ってほしいものだ。また宗教から除名された人の意見をうのみにするのは、危険だと思う。破門されるには、それなりの理由がある。しかし、宗教家は、彼らが犯した罪を公表しないで胸に秘めていることが多い。その意味で、取材の自由がまかり通らぬこともままあるであろう。いずれにせよ、聖なるものを見失ったら、国家はその中心軸を失ってしまうだろう。

もっと目に見えぬ世界や、神仏に対して、畏敬《いけい》の念を持つ国家でありたいものだ。

二〇一二年　七月十二日

幸福《こうふく》の科学《かがく》グループ創始者兼総裁《そうししゃけんそうさい》　大川隆法《おおかわりゅうほう》

『「文春」に未来はあるのか』大川隆法著作関連書籍

『「週刊文春」とベルゼベフの熱すぎる関係』（幸福の科学出版刊）
『「週刊新潮」に巣くう悪魔の研究』（同右）
『徹底霊査「週刊新潮」編集長・悪魔の放射汚染』（同右）
『舎利弗の真実に迫る』（同右）
『財務省のスピリチュアル診断』（幸福実現党刊）

「文春《ぶんしゅん》」に未来《みらい》はあるのか
――創業者・菊池寛の霊言――

2012年7月27日　初版第1刷

著　者　大《おお》　川《かわ》　隆《りゅう》　法《ほう》

発行所　幸福の科学出版株式会社

〒107-0052 東京都港区赤坂2丁目10番14号
TEL(03)5573-7700
http://www.irhpress.co.jp/

印刷・製本　株式会社 東京研文社

落丁・乱丁本はおとりかえいたします

ISBN978-4-86395-217-1 C0036
Photo: © 文藝春秋 /amanaimages ロイター / アフロ

大川隆法ベストセラーズ・正しき信仰とは何か

不滅の法

宇宙時代への目覚め

「霊界」「奇跡」「宇宙人」の存在。物質文明が封じ込めてきた不滅の真実が解き放たれようとしている。この地球の未来を切り拓くために。

2,000円

不惜身命 2011

大川隆法　伝道の軌跡

救世の時は今

「大悟 30 周年・立宗 25 周年」の 2011 年、200 回を超えた大川隆法総裁の説法録。海外メディアが競って配信したアジア 7 カ国での歴史的な英語説法も全収録。

1,800円

舎利弗の真実に迫る

「釈迦の右腕」と呼ばれた仏弟子の信仰心

なぜ、信仰を失った者たちは救世運動の邪魔を企てるのか!? 真の舎利弗が、心の隙に忍び寄る悪魔の手口を明かし、信仰者の正しき姿を説く。

1,500円

※表示価格は本体価格(税別)です。

大川隆法ベストセラーズ・マスコミの正義を検証する

「週刊文春」とベルゼベフの熱すぎる関係

悪魔の尻尾の見分け方

島田真「週刊文春」編集長(当時)の守護霊インタヴュー! 週刊誌ジャーナリズムの実態と救世運動つぶしをたくらむ悪魔の関係とは。

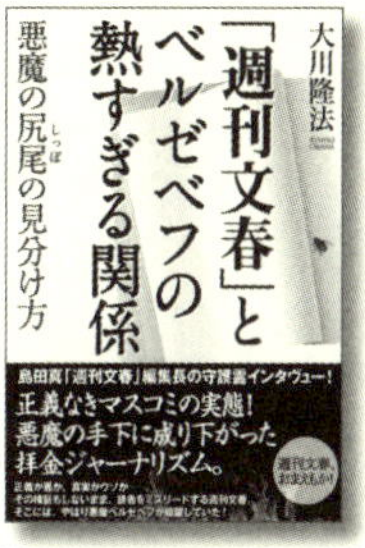

1,400円

徹底霊査「週刊新潮」編集長・悪魔の放射汚染

「週刊新潮」酒井逸史編集長の守護霊インタヴュー! 悪魔と手を組み、地に堕ちた週刊誌ジャーナリズムの実態が明らかになる。

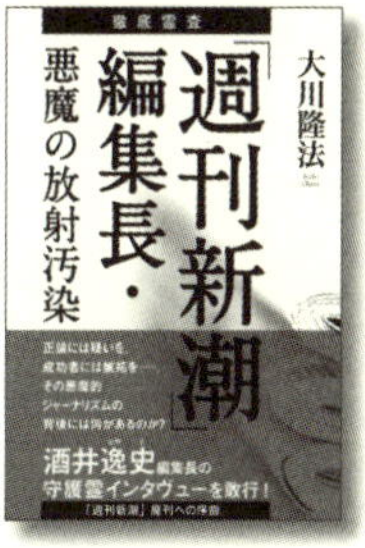

1,400円

「週刊新潮」に巣くう悪魔の研究

週刊誌に正義はあるのか

ジャーナリズムに潜み、世論を操作しようとたくらむ悪魔。その手法を探りつつ、マスコミ界へ真なる使命の目覚めを訴える。

1,400円

財務省のスピリチュアル診断

増税論は正義かそれとも悪徳か

財務省のトップへ守護霊インタヴューを敢行! 増税論の真の狙いとは? 安住大臣と、勝事務次官の本心に迫る! 【幸福実現党刊】

1,400円

幸福の科学出版

幸福の科学グループのご案内

宗教、教育、政治、出版などの活動を通じて、地球的ユートピアの実現を目指しています。

宗教法人　幸福の科学

一九八六年に立宗。一九九一年に宗教法人格を取得。信仰の対象は、地球系霊団の最高大霊、主エル・カンターレ。世界百カ国に迫る国々に信者を持ち、全人類救済という尊い使命のもと、信者は、「愛」と「悟り」と「ユートピア建設」の教えの実践、伝道に励んでいます。

（二〇一二年七月現在）

公式サイト
http://www.happy-science.jp/

愛

幸福の科学の「愛」とは、与える愛です。これは、仏教の慈悲《じひ》や布施《ふせ》の精神と同じことです。信者は、仏法真理をお伝えすることを通して、多くの方に幸福な人生を送っていただくための活動に励んでいます。

悟り

「悟り」とは、自らが仏の子であることを知るということです。教学《きょうがく》や精神統一によって心を磨き、智慧《ちえ》を得て悩みを解決すると共に、天使・菩薩《ぼさつ》の境地を目指し、より多くの人を救える力を身につけていきます。

ユートピア建設

私たち人間は、地上に理想世界を建設するという尊い使命を持って生まれてきています。社会の悪を押しとどめ、善を推し進めるために、信者はさまざまな活動に積極的に参加しています。

国内外の世界で貧困や災害、心の病で苦しんでいる人々に対しては、現地メンバーや支援団体と連携して、物心両面に渡り、あらゆる手段で手を差し伸べています。

年間３万人を超える自殺者を減らすため、全国各地で街頭キャンペーンを展開しています。

公式サイト
http://www.withyou-hs.net/

ヘレン・ケラーを理想として活動する、ハンディキャップを持つ方とボランティアの会です。視聴覚障害者、肢体不自由な方々に仏法真理を学んでいただくための、さまざまなサポートをしています。

公式サイト
http://www.helen-hs.net/

教育

学校法人 幸福の科学学園

幸福の科学学園中学校・高等学校は、幸福の科学の教育理念のもとにつくられた学校です。人間にとって最も大切な宗教教育の導入を通じて精神性を高めながら、ユートピア建設に貢献する人材輩出を目指しています。

幸福の科学学園
中学校・高等学校（男女共学・全寮制）
2010年4月開校・栃木県那須郡

TEL **0287-75-7777**
公式サイト
http://www.happy-science.ac.jp/

関西校（2013年4月開校予定・滋賀県）
幸福の科学大学（2015年開学予定）

仏法真理塾「サクセスNo.1」

小・中・高校生が、信仰教育を基礎にしながら、「勉強も『心の修行』」と考えて学んでいます。

TEL **03-5750-0747**（東京本校）

心の面からのアプローチを重視して、不登校の子供たちを支援しています。また、障害児支援の**「ユー・アー・エンゼル！」**運動も行っています。

不登校児支援スクール「ネバー・マインド」

幼少時からの心の教育を大切にして、信仰をベースにした幼児教育を行っています。

エンゼルプランV

NPO 活動支援

学校からのいじめ追放を目指し、さまざまな社会提言をしています。また、各地でのシンポジウムや学校への啓発ポスター掲示等に取り組むNPO「いじめから子供を守ろう！ネットワーク」を支援しています。

公式サイト **http://mamoro.org/**

ブログ **http://mamoro.blog86.fc2.com/**

相談窓口 **TEL.03-5719-2170**

政治

幸福実現党

内《ない》憂《ゆう》外《がい》患《かん》の国難に立ち向かうべく、二〇〇九年五月に幸福実現党を立党しました。創立者である大川隆法党名誉総裁の精神的指導のもと、宗教だけでは解決できない問題に取り組み、幸福を具体化するための力になっています。

党員の機関紙
「幸福実現News」

TEL 03-6441-0754
公式サイト
http://www.hr-party.jp/

出版メディア事業

幸福の科学出版

大川隆法総裁の仏法真理の書を中心に、ビジネス、自己啓発、小説など、さまざまなジャンルの書籍・雑誌を出版しています。他にも、映画事業、文学・学術発展のための振興事業、テレビ・ラジオ番組の提供など、幸福の科学文化を広げる事業を行っています。

TEL 03-5573-7700
公式サイト
http://www.irhpress.co.jp/

入 会 の ご 案 内

あなたも、幸福の科学に集い、
ほんとうの幸福を
見つけてみませんか？

幸福の科学では、大川隆法総裁が説く仏法真理をもとに、
「どうすれば幸福になれるのか、また、
他の人を幸福にできるのか」を学び、実践しています。

入会

大川隆法総裁の教えを学ぼうとする方なら、どなたでも入会できます。入会された方には、『入会版「正心法語」』が授与されます。（入会の奉納は1,000円目安です）

ネットでも**入会**できます。詳しくは、下記URLへ。

三帰《さんき》誓願《せいがん》

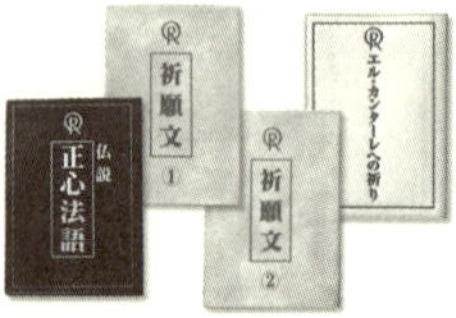

仏弟子としてさらに信仰を深めたい方は、仏・法・僧の三宝への帰依を誓う「三帰誓願式」を受けることができます。三帰誓願者には、『仏説・正心法語』『祈願文①』『祈願文②』『エル・カンターレへの祈り』が授与されます。

植福《しょくふく》の会

植福は、ユートピア建設のために、自分の富を差し出す尊い布施の行為です。布施の機会として、毎月1口1,000円からお申込みいただける、「植福の会」がございます。

「植福の会」に参加された方のうちご希望の方には、幸福の科学の小冊子（毎月1回）をお送りいたします。詳しくは、下記の電話番号までお問い合わせください。

月刊
「幸福の科学」

ザ・伝道

ヤング・ブッダ

ヘルメス・
エンゼルズ

INFORMATION

幸福の科学サービスセンター
TEL. 03-5793-1727（受付時間 火〜金：10〜20時／土・日：10〜18時）
宗教法人 幸福の科学 公式サイト **http://www.happy-science.jp/**